Messianische Christologie –
Die fortschreitende Christus-Offenbarung
im Alten Testament
Arnold G. Fruchtenbaum

Messianische Christologie – Die fortschreitende Christus-Offenbarung im Alten Testament

Arnold G. Fruchtenbaum

Aus dem Amerikanischen übersetzt von Manfred Künstler, Dr. Wolfgang von Ungern-Sternberg und Joachim Deubler

Christlicher Mediendienst Hünfeld GmbH – CMD
Postfach 1322
D-36082 Hünfeld
Telefon: (0 66 52) 91 81 87
Fax: (0 66 52) 91 81 89
E-Mail: mail@mediendienst.org
Internet: www.mediendienst.org

ISBN: 978-3-939833-38-3

Umschlaggestaltung: Oleksandr Hudym, Berlin
Satz & Layout: Digital Design Deubler, Neckargemünd
Druck: Bercker, Kevelaer

Dieses Buch ist dem Gedächtnis von

Dr. Daniel Fuchs

gewidmet, dem langjährigen Direktor von »Chosen People Ministries« (ABMJ), der Israel liebte und dem die in diesem Werk behandelten Schriftstellen so viel bedeuteten.

Inhaltsverzeichnis

Einleitung

Diese Studie beschäftigt sich mit dem, was theologisch »messianische Christologie« genannt wird. Einfacher gesagt handelt es sich um einen Überblick über alle messianischen Prophetien der hebräischen Schriften, die sich beim ersten Kommen des Messias erfüllt haben. Die orthodoxe jüdische Interpretation erwartet dabei aber natürlich nicht, dass der Messias zweimal kommen sollte, sondern rechnet stattdessen mit zwei Messiassen, von denen jeder einmal kommen würde. Diese Studie erfolgt aus einer judenchristlichen Perspektive, und es wird gezeigt werden, dass diese hebräischen Prophetien im Leben von Jeschua (Jesus) erfüllt worden sind und auf keine andere Art und Weise erfüllt werden können. Als Erstes wollen wir aber als Einführung einen Blick auf das Neue Testament werfen und sehen, wie Jesus und seine Jünger dieses Thema behandelt haben.

Der neutestamentliche Gebrauch

Die Evangelien stellen ganz klar fest, dass der Tod Jesu auch für die Apostel eine Überraschung war. Ihre Verwirrung rührte vor allem von da her, dass sie nicht das ganze messianische Programm kannten. Sie hatten vollständig erwartet, dass Jesus ihre Feinde überwinden und sein Königreich auf der Erde aufrichten würde. Sie waren sehr gut vertraut mit denjenigen Prophezeiungen, die sich auf diesen Aspekt des messianischen Programms bezogen. Was sie aber verfehlt hatten zu verstehen, war, dass der Messias zweimal kommen würde: Beim ersten Mal, um zu leiden, und dann – später – um zu siegen. Der Grund für sein erstes Kommen war also ein ganz anderer als der für sein zweites Kommen. Um den Grund seines ersten Kommens zu belegen, fordert Jesus die Jünger nicht auf, einfach nur zu glauben, sondern verweist sie zurück auf die Autorität ihrer eigenen hebräischen Schriften, nämlich auf das, was Heidenchristen heute das Alte Testament nennen.

> [25]Und er sprach zu ihnen: O ihr Unverständigen und
> im Herzen [zu] träge, an alles zu glauben, was die
> Propheten geredet haben! [26]Musste nicht der Chris-
> tus dies leiden und in seine Herrlichkeit hineingehen?
> [27]Und von Mose und von allen Propheten anfangend,
> erklärte er ihnen in allen Schriften das, was ihn betraf.
> [44]Er sprach aber zu ihnen: Dies sind meine Worte,
> die ich zu euch redete, als ich noch bei euch war, dass
> alles erfüllt werden muss, was über mich geschrieben
> steht in dem Gesetz Mose und in den Propheten und
> Psalmen. [45]Dann öffnete er ihnen das Verständnis,
> damit sie die Schriften verständen, [46]und sprach zu
> ihnen: So steht geschrieben, und so musste der Chris-
> tus leiden und am dritten Tag auferstehen aus den
> Toten [47]und in seinem Namen Buße zur Vergebung
> der Sünden gepredigt werden allen Nationen, anfan-
> gend von Jerusalem. [48][Ihr] seid Zeugen hiervon.
>
> Lukas 24,25–27.44–48

Hier auf der Straße nach Emmaus, bei einer seiner Erscheinungen nach der Auferstehung, tadelt Jesus seine Jünger dafür, dass sie nicht alles wussten, was die Propheten gesagt hatten. Dazu gehörten nämlich auch die Prophezeiungen über sein Leiden und Sterben. Sie hatten keine Schwierigkeiten damit, an diejenigen Prophezeiungen zu glauben, die den Messias als einen regierenden König beschrieben, der Israel seine frühere Ehre zurückbringen würde. Sie hatten aber große Schwierigkeiten damit, diejenigen Prophetien zu akzeptieren, die das Leiden und Sterben des Messias vorhersagten. Die Tatsache, dass die Jünger so aufgeregt waren darüber, dass Jesus gefangen und exekutiert wurde, zeigt, dass sie sich in gewissem Sinne noch im Unglauben befunden haben. Es wird uns berichtet, dass Jesus mit dem Gesetz des Mose begann, mit den Propheten fortfuhr, und die gesamten hebräischen Schriften durchging, um seinen Jüngern alles zu zeigen, was sich auf den Messias bezog. Dadurch konnte er beweisen, dass sein Tod und seine Auferstehung in völliger Übereinstimmung mit der Schrift und sogar für sein Werk notwendig waren. Sie waren wesentlich, weil sie seine Messianität bewiesen haben. Von den allerfrühesten Quellen bis zu den modernen Rabbinern haben jüdische Lehrer die Schriften immer in drei Abteilungen gegliedert: Das *Gesetz*, die *Propheten* und die *Schriften*. Wir sehen hier (und teilweise auch in Vers 44), dass Jesus dasselbe tut. Die »Schriften« werden manchmal auch die »Psalmen« genannt, weil die Psalmen das erste Buch dieser Gruppe sind. Jesus bezieht systematisch die gesamten Schriften ein, um seinen Jüngern alles über sich selbst zu erklären. »Alles« schließt dabei sowohl die Prophetien über sein zweites Kommen (die immer noch auf ihre Erfüllung warten) mit ein, als auch diejenigen über sein erstes Kommen (die sich gerade erfüllten als Jesus sprach). Indem er Prophetien aus allen drei Teilen der jüdischen Schriften zusammennahm, konnte Jesus beweisen, dass es für ihn notwendig war, umgebracht und beerdigt zu werden und am dritten Tag wieder aufzuerstehen.

Die Nachfolger Jesu haben ihre Lektion gut gelernt. Später im Neuen Testament, nach Jesu Himmelfahrt, sehen wir, dass die Jünger immer wieder Jesu Messianität aus den hebräischen Schriften heraus gerechtfertigt und begründet haben – und das sowohl gegenüber Heiden als auch bei Juden.

> [26]Ein Engel des Herrn aber redete zu Philippus und
> sprach: Steh auf und geh nach Süden auf den Weg,
> der von Jerusalem nach Gaza hinab führt! Der ist
> öde. [27]Und er stand auf und ging hin. Und siehe, ein
> Äthiopier, ein Kämmerer, ein Gewaltiger der Kandake, der Königin der Äthiopier, der über ihren ganzen
> Schatz [gesetzt] war, war gekommen, um zu Jerusalem anzubeten; [28]und er war auf der Rückkehr
> und saß auf seinem Wagen und las den Propheten
> Jesaja. [29]Der Geist aber sprach zu Philippus: Tritt hinzu und schließe dich diesem Wagen an! [30]Philippus
> aber lief hinzu und hörte ihn den Propheten Jesaja
> lesen und sprach: Verstehst du auch, was du liest?
> [31]Er aber sprach: Wie könnte ich denn, wenn nicht
> jemand mich anleitet? Und er bat den Philippus, dass
> er aufsteige und sich zu ihm setze. [32]Die Stelle der
> Schrift aber, die er las, war diese: »Er wurde wie ein
> Schaf zur Schlachtung geführt, und wie ein Lamm
> stumm ist vor seinem Scherer, so tut er seinen Mund
> nicht auf. [33]In seiner Erniedrigung wurde sein Gericht weggenommen. Wer aber wird sein Geschlecht

> beschreiben? Denn sein Leben wird von der Erde
> weggenommen.« [34]Der Kämmerer aber antwortete
> dem Philippus und sprach: Ich bitte dich, von wem
> sagt der Prophet dies? Von sich selbst oder von einem
> anderen? [35]Philippus aber tat seinen Mund auf und
> fing mit dieser Schrift an und verkündigte ihm das
> Evangelium von Jesus. [36]Als sie aber auf dem Weg
> fortzogen, kamen sie an ein Wasser. Und der Kämme-
> rer spricht: Siehe, [da ist] Wasser! Was hindert mich,
> getauft zu werden? [38]Und er befahl, den Wagen an-
> zuhalten. Und sie stiegen beide in das Wasser hinab,
> sowohl Philippus als auch der Kämmerer; und er
> taufte ihn. [39]Als sie aber aus dem Wasser heraufstie-
> gen, entrückte der Geist des Herrn den Philippus;
> und der Kämmerer sah ihn nicht mehr, denn er zog
> seinen Weg mit Freuden.
>
> Apostelgeschichte 8,26–39

Das ist die berühmte Geschichte des äthiopischen Eunuchen, der die Prophetie von Jesaja in Kapitel 53 liest. Philippus wird zu ihm geschickt, um ihm die Bedeutung dieser Prophetie zu erklären. Wir lesen in Vers 35, dass Philippus ihm Jesus »beginnend von dieser Schrift« predigte. Beginnend mit Jesaja 53, einer Passage, die in dieser Studie später untersucht wird, ist es Philippus möglich, die Messianität Jesu zu zeigen. Der äthiopische Eunuch ist so beeindruckt von der Art und Weise, in der Jesu Leiden und Sterben auf Jesajas Beschreibung des Messias passt, dass es ihn überzeugt und er sofort Christ wird.

> [1]Nachdem sie aber durch Amphipolis und Apollonia
> gereist waren, kamen sie nach Thessalonich, wo eine
> Synagoge der Juden war. [2]Nach seiner Gewohnheit
> aber ging Paulus zu ihnen hinein und unterredete
> sich an drei Sabbaten mit ihnen aus den Schriften,
> [3]indem er eröffnete und darlegte, dass der Christus
> leiden und aus den Toten auferstehen musste und
> dass dieser der Christus ist: der Jesus, den ich euch
> verkündige. [4]Und einige von ihnen ließen sich über-
> zeugen und gesellten sich zu Paulus und Silas und

> eine große Menge von den anbetenden Griechen und nicht wenige der vornehmsten Frauen.
>
> Apostelgeschichte 17,1–4

Hier sehen wir, wie Paulus in der Synagoge vorging. Er legte zuerst die Schriften des Alten Testaments aus, und zwar besonders die messianischen Prophetien, die wir später studieren werden. Nachdem er dann erklärt hatte, was die Schriften vom Messias forderten, konnte er anschließend zeigen, wie perfekt Jesus der Gestalt des Messias entsprach, wie sie im Alten Testament gefordert wurde.

> ... denn kräftig widerlegte er die Juden öffentlich, indem er durch die Schriften bewies, dass Jesus der Christus ist.
>
> Apostelgeschichte 18,28

Hier sehen wir noch einmal Paulus' Methode beim Diskutieren mit den jüdischen Führern. Er ging zurück zu den Schriften und bewies, dass Jesus die Anforderungen der hebräischen Prophetie erfüllt hat. Ein letztes Beispiel hierfür finden wir in Apostelgeschichte 28.

> Als sie ihm aber einen Tag bestimmt hatten, kamen mehrere zu ihm in die Herberge, denen er das Reich Gottes auslegte und bezeugte. Und er suchte sie zu überzeugen von Jesus, sowohl aus dem Gesetz Moses als auch den Propheten, von frühmorgens bis zum Abend.
>
> Apostelgeschichte 28,23

Hier sehen wir Paulus in der Debatte mit den jüdischen Führern in Rom. Wiederum nimmt Paulus sein Beweismaterial nicht aus Matthäus, Markus, Lukas oder Johannes – die Evangelien werden nicht erwähnt, weil sie noch nicht geschrieben worden waren –, sondern stattdessen aus den Schriften des Alten Testaments. In dieser besonderen Situation beruft Paulus sich ausschließlich auf das Gesetz und die Propheten. Wahrscheinlich spart er die »Schriften« wegen bestimmter jüdischer Anschauungen über die Inspiration der Heiligen Schrift aus. Der Judaismus lehrt nämlich, dass zwar alle Schrift von Gott inspiriert ist, dass es dabei aber drei unterschiedliche Ebenen von Inspiration gibt.

Dem Gesetz wird dabei die größte Autorität zugeschrieben, weil es aus den eigenen Worten Gottes selbst besteht, die dieser direkt menschlichen Schreibern diktiert hat. Die Propheten seien von geringerer Autorität, weil sie zwar Gottes Botschaften haben, diese aber nur durch den Mund von Menschen ausgesprochen. Die Schriften werden schließlich als die geringste Autorität angesehen, weil man annimmt, dass sie nur aus den Worten von Menschen bestehen, wenn auch deren Denken von Gott geleitet war. Der Judaismus hat also eine sehr hohe Anschauung vom Gesetz und den Propheten, aber keinen besonders großen Respekt vor den Schriften. Darum beschränkt sich Paulus hier darauf, nur diejenigen Worte Gottes zu benutzen, die im Gesetz und den Propheten gegeben sind. Jesus hat alle drei Teile des Alten Testaments benutzt, denn was ihn und die Apostel anging, waren alle hebräischen Schriften von gleicher Gültigkeit. Traurigerweise gibt es heutzutage nur sehr wenige Leute, die tun können, was die Apostel damals taten, nämlich das ganze messianische Programm ausschließlich aus dem Alten Testament heraus entfalten. Die Fähigkeit, das zu tun, ist aus verschiedenen Gründen wichtig, kommt aber vor allem beim Dienst unter Juden zum Tragen. Es ist notwendig, aus dem Alten Testament entfalten zu können, was für einen Messias es fordert, bevor man sich ins Neue Testament begibt und dort zeigt, dass Jesus alle diese biblischen Anforderungen perfekt erfüllt.

Die vier Typen messianischer Prophetie

Wenn wir uns mit messianischer Prophetie beschäftigen, ist es sehr wichtig, zu wissen, dass es vier verschiedene Arten davon gibt. Es ist unbedingt erforderlich, sie auseinanderzuhalten. Die vier Kategorien lauten:

1. Nur erstes Kommen
2. Nur zweites Kommen
3. Sowohl erstes als auch zweites Kommen
4. Der ganze Erlösungsweg

Manche Prophetien sind sehr deutlich darin, dass sie sich entweder mit dem ersten Kommen (Kategorie 1) oder mit dem zweiten

Kommen (Kategorie 2) beschäftigen. Andere Prophetien sind komplizierter aufgebaut.

Die dritte Kategorie von Prophezeiungen beinhaltet Verse, die das erste und zweite Kommen so zusammenblenden, dass die Zeitspanne, die dazwischenliegt, versteckt wird. Um sie doch zu erkennen, ist es notwendig, die Parallelstellen zu lesen. Sacharja 9,9 und 10 ist ein gutes Beispiel dafür. Vers 9 geht auf das erste Kommen ein, Vers 10 auf das zweite. Diese Verse für sich allein genommen treffen keine Unterscheidung, aber dass es eine gibt, wird von anderen Schriftstellen her deutlich.

Die vierte Kategorie bezieht sich auf Abschnitte, die das ganze messianische Programm einschließen, also erstes Kommen, Zeitintervall, zweites Kommen und messianisches Königreich.

In dieser Studie werden wir uns mit allen Stellen der ersten Kategorie auseinandersetzen. Die zweite Kategorie wird ignoriert, denn sie stellt ein ganzes, eigenständiges Thema dar (und wird vollständig im »Handbuch der biblischen Prophetie« behandelt). Die Prophetien der dritten und vierten Kategorie werden nur insofern berührt, als sie sich auf das erste Kommen des Messias beziehen.

Die Bedeutung dieser Studie

Eine Studie dieser Art hat drei Hauptvorteile:

Unzulässige Vereinfachungen vermeiden

Die Beziehung zwischen dem Alten und Neuen Testament und die Natur des alttestamentlichen Glaubens werden oftmals übermäßig vereinfacht. Zum Beispiel hört man oft das Klischee, dass »die Heiligen des Alten Testaments auf den Tod Jesu vorausschauten, während die Heiligen des Neuen Testaments auf ihn zurückschauen«. Wenn das wahr wäre, warum waren dann die Jünger so erstaunt bei Jesu Tod? Wir haben die Tendenz, ins Alte Testament ein neutestamentliches Verständnis hineinzulesen, das in jenen Tagen noch nicht existierte. Wenn wir die fortschreitende Offenbarung in der Heiligen Schrift verfolgen, werden wir uns der Beschränkungen bewusster, die es im Verlauf von Israels Geschichte gab, was das Verstehen anging. Insbesondere gibt es keinen Weg, aus den fünf Büchern des Gesetzes allein zu erkennen, dass der Messias sterben müsse. Das wurde erst etwa im 8. Jahrhundert v. Chr. offenbart, nämlich durch den Propheten Jesaja. Das Gesetz stellt den Messias hauptsächlich in Gestalt eines Königs und Erlösers dar, aber nicht als einen sterbenden Retter. Es ist nicht wahr, dass die alttestamentlichen Heiligen auf den Tod des Messias vorausgeschaut hätten: Für den größten Teil der alttestamentlichen Geschichte wussten sie gar nicht, dass dies zu geschehen hatte. Wir sollten vorsichtig sein, den Glaubensinhalt der alttestamentlichen Gläubigen zu sehr zu vereinfachen.

Auslegen der Prophetien über das zweite Kommen

Die Prophetien über das erste Kommen und ihre Erfüllungen zu verstehen, hilft uns, auch diejenigen über das zweite Kommen richtig zu begreifen und korrekt auszulegen. Weil alle Prophetien über das erste Kommen sich auf wörtliche Art und Weise erfüllt haben und nicht »allegorisch« oder »geistlich«, sollten wir von denen über das zweite Kommen erwarten, dass sie sich in derselben Art und Weise erfüllen.

Evangelisation unter Juden

Wie bereits zu sehen war, haben die alttestamentlichen Prophetien der hebräischen Schriften die Basis zum Evangelisieren im Neuen Testament gebildet. Zuerst Jesus mit seinen Jüngern und danach die Jünger selbst haben das Alte Testament benutzt, um Jesu Anspruch, der Messias zu sein, zu bestätigen. Wenn die messianischen Erwartungen der hebräischen Prophetie verstanden werden, dann wird klar, dass Jesus und nur Jesus diese Anforderungen erfüllen konnte.

Das sind also die Schriften, die wir jetzt studieren wollen, wobei wir uns mit ihnen in denselben Kategorien beschäftigen, wie es Jesus und die Apostel getan haben: Im *Gesetz*, in den *Propheten* und in den *Schriften*.

Das Gesetz

1. Mose 3,15 – Der Same der Frau

> Und ich werde Feindschaft setzen zwischen dir und der Frau, zwischen deinem Samen und ihrem Samen; [er] wird dir den Kopf zermalmen, und du, du wirst ihm die Ferse zermalmen.

Messianische Prophetie beginnt schon im dritten Kapitel des Buches Genesis. Es ist kein Wunder, dass die allererste messianische Prophetie im Kontext des Sündenfalls auftaucht. Wenn die Sünde nicht in die Welt eingedrungen wäre, hätte es niemals die Notwendigkeit für einen erlösenden Messias gegeben. Gott verflucht die Schlange nach dem Fall, den sie verursacht hat, und erklärt Feindschaft zwischen der Schlange und der Frau. Diese Feindschaft soll sich bis auf den Samen der Frau und der Schlange erstrecken. Der »Same der Frau« bezieht sich auf Christus, den Messias, und der Same der Schlange wird der Antichrist sein. (Eine Untersuchung des Antichristen würde den Rahmen dieser Studie sprengen, vgl. »Handbuch der biblischen Prophetie« für weitere Details.)

Die Prophezeiung

Diese, die erste messianische Prophezeiung, erklärt, dass die Herkunft oder Abstammung des Messias nach einer Frau benannt werden wird und nicht nach einem Mann. Das widerspricht sofort der biblischen Norm. Es gibt viele Genealogien in der Schrift, und angefangen von den frühesten in den Kapiteln 1. Mose 5 und 11 bis zu den ersten 9 Kapiteln des 1. Buches der Chronik, bis Matthäus 1 und Lukas 3 sind (unter vielen anderen) fast alle davon Listen von Männernamen. Die legale Abstammung, die Identität nach Nation und Stamm, wurden immer vom Vater und niemals von der Mutter genommen (die einzige Ausnahme hierzu findet sich in Esra 2,61 und noch in Nehemia 7,63). Es geschah nur sehr selten, dass der Name einer Frau überhaupt in die Liste aufgenommen wurde; das geschah nur, wenn sie eine wichtige Rolle in der jüdischen Geschichte gespielt hatte, und selbst dann brachte ihr das nur die Erwähnung in einer Nebenbemerkung ein. Mose gibt hier keine Erklärung, sondern zeichnet einfach die Tatsache auf, dass beim Messias etwas in besonderer Weise ganz anders sein wird, was dazu führt, dass er seine Abstammung über die Mutter und nicht den Vater angibt. Es wird für einige Jahrhunderte auch keine Erklärung gegeben, bis zur Zeit des Propheten Jesaja. Er wird prophezeien (in Kapitel 7), dass der Messias von einer Jungfrau geboren werden und keinen menschlichen Vater haben wird.

1. Mose 3,15 stellt fest, dass der Messias der Schlange, das ist Satan, den Kopf zerschmettern wird. Dabei wird Satan es zwar zuwege bringen, die Ferse des Messias zu verwunden, wird aber unfähig sein, seine eigene Zerstörung zu verhindern. Das Verwunden der Ferse des Messias fand bei Jesu Kreuzigung statt – schmerzhaft, aber, bezogen auf die Ewigkeit, nicht tödlich. Das Zerschmettern des Kopfes der Schlange begann mit Jesu Tod und Auferstehung, wie in Hebräer 2,14–18 festgestellt wird. Römer 16,20 sieht das Zerschlagen von Satans Kopf als immer noch zukünftig an. So wird seine endgültige Zerstörung nicht kommen, bevor er in den Feuersee geworfen wird, wie es Offenbarung 20,10 beschreibt.

Genauso wie er einen Hinweis auf die Jungfrauengeburt gibt, zeigt dieser Vers auch an, dass der Messias ein Mensch sein wird. Der Messias, der Erlöser, wird kein Engel oder einfach göttlich, sondern wird ein Gott-Mensch sein.

Diese Gedanken werden in den folgenden Prophetien weiter entwickelt.

1. Mose 4,5.6 – Frühe Echos der Verheißung

Das ist unsere Interpretation aus unserer eigenen historischen Perspektive, aber wie wurde dieser Vers von denen verstanden, die ihn als Erste gehört haben? Es gibt in den folgenden Kapiteln drei Abschnitte, die einige Hinweise darüber geben, was die drei Personen, die 1. Mose 3,15 als erste gehört hatten, darüber dachten. Eine Studie dieser Passagen zeigt, dass, obwohl die Jungfrauengeburt bis Jesaja nicht verstanden wurde, doch begriffen worden war, dass man einen Gott-Menschen als Erlöser zu erwarten hatte.

1. Mose 4,1

> Und der Mensch erkannte seine Frau Eva, und sie wurde schwanger und gebar Kain; und sie sagte: Ich habe einen Mann hervorgebracht mit dem HERRN.

Eine wörtliche Übersetzung des hebräischen Textes würde lauten: Und der Mann erkannte Eva, seine Frau, sie empfing und gebar Kain und sagte: »Ich habe einen Mann bekommen: Jahwe.« Das ist exakt dieselbe Satzkonstruktion wie im nächsten Vers 2:

> Und wiederum gebar sie seinen Bruder: Abel.

Nur wenige Bibelübersetzer verstehen, was Eva hier sagt. Deshalb lauten auch die englischen Übersetzungen nicht so, wie es oben angegeben ist. Eva hat von Gottes Worten in 1. Mose 3,15 her klar verstanden, dass die Schlange von einem Gott-Menschen besiegt werden wird. Offensichtlich denkt sie, dass Kain Jahwe ist. Ihre Theologie ist grundsätzlich korrekt: Der Messias würde beides sein, Mensch und Gott. Ihr Fehler liegt in ihrer Anwendung dieser Theologie. Sie hat angenommen, dass Kain, ihr erstes Kind, der versprochene Gott-Mensch wäre. Dass sie ihren Fehler schnell erkannt hat, zeigt sich bei der Geburt von Kains Bruder – sie nennt ihn Abel, was »Nichtigkeit« bedeutet.

Es ist interessant zu sehen, wie unterschiedliche Gelehrte zu verschiedenen Zeiten mit diesem Vers umgegangen sind. Die meisten englischen Übersetzungen lesen: »Ich habe einen Mann bekommen mit der Hilfe von Jahwe.« Die Worte »mit der Hilfe von« wurden dabei von den Übersetzern eingefügt, um eine Lesart zu vermeiden, die für sie unakzeptabel war. Aber im Hebräischen steht wörtlich: »Ich habe einen Mann bekommen: Jahwe.« Das ist tatsächlich die gleiche Konstruktion wie im Hebräischen für die sofort folgenden Worte: »und sie gebar: Kain.« Die geläufige englische Übersetzung basiert nicht auf dem hebräischen Text, sondern auf der griechischen Septuaginta. Dort heißt es »durch Gott«. Dem folgte auch die lateinische Vulgata, die ebenfalls »durch Gott« liest.

Der Jerusalemer Targum, eine aramäische Übersetzung, liest: »Ich habe einen Mann bekommen, den Engel von Jahwe.« Die Rabbiner gaben eine Lesart an, die dem originalen hebräischen Text viel näher kam. Der Targum Pseudo-Jonathan liest: »Ich habe als einen Mann den Engel Jahwes bekommen«. Eine andere aramäische Übersetzung ist der Targum Onkelos, der »von vor dem Herrn« bietet. Diese aramäischen Übersetzungen und Umschreibungen sehen, was das Hebräische sagt und was das für übernatürliche Folgen beinhaltet. In der christlichen Theologie sieht man den Engel Jahwes als die zweite Person des dreieinigen Gottes (etwas, was später unter »Andere Linien der Beweisführung« diskutiert wird), aber das war natürlich nicht die Sichtweise der jüdischen Übersetzer der Targume.

Der Midrasch Rabbah, der rabbinische Kommentar zur Genesis, bietet in 22,2 für 1. Mose 4,1 »mit der Hilfe des Herrn«. »Rabbi Ishmael fragte Rabbi Akiba ›Da du Nahum von Ginzo 22 Jahre lang gedient hast und er gelehrt hat, dass jedes *ach* und *rach* eine Begrenzung, aber jedes *et* und *gam* eine Erweiterung ist, sage mir, was der Sinn des *et* hier ist.‹ Er antwortete ›Wenn gesagt wird ‚Ich habe einen Mann bekommen: den Herrn', wäre es schwierig auszulegen, darum ist *et* ‚mit der Hilfe des Herrn' erforderlich.‹« Somit hatten die Rabbiner also klar die Aussagen dieser Konstruktion verstanden und mussten darum die nötigen Anpassungen in ihrer Übersetzung machen.

Die Peshitta bietet »Ich habe einen Mann bekommen zu dem Herrn«. Ein führender Rabbi, bekannt als Saadia Gaon, las es als »von mit dem Herrn«. Rashi übersetzt es als »mit dem Herrn«, und Nachmanides übersetzt es als »für den Herrn zum Dienst für den Herrn«. Auch hier werden wieder Versuche gemacht, das Offensichtliche zu umgehen.

1. Mose 5,21–29

> 21 Und Henoch lebte 65 Jahre und zeugte Metuschelach. 22 Und Henoch wandelte mit Gott, nachdem er
> Metuschelach gezeugt hatte, 300 Jahre und zeugte
> Söhne und Töchter. 23 Und alle Tage Henochs betrugen 365 Jahre. 24 Und Henoch wandelte mit Gott; und
> er war nicht mehr da, denn Gott nahm ihn hinweg.
> – 25 Und Metuschelach lebte 187 Jahre und zeugte
> Lamech. 26 Und Metuschelach lebte, nachdem er Lamech gezeugt hatte, 782 Jahre und zeugte Söhne
> und Töchter. 27 Und alle Tage Metuschelachs betru-

gen 969 Jahre, dann starb er. – [28]Und Lamech lebte
182 Jahre und zeugte einen Sohn. [29]Und er gab ihm
den Namen Noah, indem er sagte: Dieser wird uns
trösten über unserer Arbeit und über der Mühsal
unserer Hände von dem Erdboden, den der HERR
verflucht hat.

In 1. Mose 5,21–24 lesen wir von dem gerechten Henoch, der »nicht war, denn Gott nahm ihn«. Das Neue Testament sagt uns in Judas 14 und 15, dass Henoch ein Prediger der Gerechtigkeit und ein Prophet war. Der Name, den er seinem Sohn gab, war tatsächlich reich an prophetischer Bedeutsamkeit. Methuselach ist ein hebräischer Name, der wörtlich bedeutet »Wenn er stirbt, wird es kommen«. Da es im Hebräischen kein Neutrum gibt, heißt es also tatsächlich »Wenn er stirbt, wird er kommen«. Diese Prophezeiung bezieht sich auf das Kommen der Flut. Eine einfache Berechnung mit den in Genesis gegebenen Zahlen zeigt, dass die Flut im Jahre 1656 a. H.[1] kam – dasselbe Jahr, in dem Methuselach auch starb (siehe Diagramm). Lamech hat verstanden, dass der Name seines Vaters prophetisch war, hat ihn aber fälschlicherweise auf die Geburt seines Sohnes Noah bezogen. Noah wird tatsächlich ein Mann von enormer Bedeutung für die Menschheitsgeschichte sein, aber nicht so, wie Lamech sich das gedacht hatte. Es ist klar, dass Lamech hoffte, Noah (was »Trost« bedeutet) würde der sehnlich erwartete Messias sein. Es ist von den Alters- und Jahresangaben in 1. Mose 5 her klar, dass Lamech 56 Jahre alt war, als Adam starb. Lamech wird darum einen Bericht aus erster Hand bekommen haben über alles, was im Garten Eden geschehen war und von allen Worten, die Gott gesprochen hatte. Darum ist es sehr interessant, in Vers 5,29 zu sehen, wie Lamech seine eigene messianische Hoffnung ausdrückt: Er sieht den Messias als den Erlöser, der den Fluch von Adams Fall aufheben wird, und auch all dessen Folgen. Wie bei Eva ist seine Theologie grundsätzlich richtig, aber er wandte sie falsch an. Lamech hatte Recht – solch ein Mann würde eines Tages kommen, in Erfüllung der Verheißung von 1. Mose 3 Vers 15 – aber Noah sollte nicht dieser Mann sein.

---

[1] a. H. = anno Homini, im Jahre des Menschen, d. h. nach der Erschaffung des Menschen.

1. Mose 6,1–4

Die menschlichen Geschöpfe waren nicht die einzigen, die den Sinn und die Bedeutsamkeit von Gottes Worten in 1. Mose 3,15 verstanden. Satan, an den sich jene Worte richteten, hat sie auch verstanden. In Genesis 6,1–4 sehen wir Satans ersten Versuch, Gottes messianisches Programm zu durchkreuzen. Da der Messias Nachfahre einer Frau zu sein hat, musste es Satans Ziel sein, diese Nachkommenschaftslinie zu korrumpieren.

> 1Und es geschah, als die Menschen begannen, sich zu vermehren auf der Fläche des Erdbodens, und ihnen Töchter geboren wurden, 2da sahen die Söhne Gottes die Töchter der Menschen, wie schön sie waren, und sie nahmen sich von ihnen allen zu Frauen, welche sie wollten. 3Da sprach der HERR: Mein Geist soll nicht ewig im Menschen bleiben, da er ja auch Fleisch ist. Seine Tage sollen 120 Jahre betragen. 4In jenen Tagen waren die Riesen auf der Erde, und auch danach, als die Söhne Gottes zu den Töchtern der Menschen eingingen und sie ihnen [Kinder] gebaren. Das sind die Helden, die in der Vorzeit waren, die berühmten Männer.

Auf Satans Befehl hin sind gefallene böse Engel (»die Söhne Gottes«) Mischehen mit menschlichen Frauen eingegangen (eine Vorschattung auf die übernatürliche Empfängnis des Antichristen, auf die ebenfalls in 1. Mose 3,15 hingewiesen wird). Die Ergebnisse dieser Ehen waren groteske Kreaturen – die Nephilim. Es war das Auftreten dieser diabolischen Kreaturen, die das Gericht der Flut über die Erde brachte. Durch das Mittel der Flut hat Gott sämtliche Nephilim zerstört und eine Linie erhalten, durch die der Messias geboren werden würde. (Da diese Interpretation des Abschnitts von einigen in Frage gestellt wird, soll in Anhang 1 am Schluss des letzten Teils dieser Serie eine ausführliche Erklärung dazu folgen.)

1. Mose 3,15 lehrt:
Der Messias ist menschlicher Herkunft.

1. Mose 22,18 – Der Same Abrahams

> Und in deinem Samen werden sich segnen alle Nationen der Erde dafür, dass du meiner Stimme gehorcht hast.

1. Mose 22 beschäftigt sich, zusammen mit vielen anderen Passagen, mit dem abrahamitischen Bund, einem der acht Bundesschlüsse in der Heiligen Schrift. Der Ausdruck »Same« im hebräischen Text wird zwar immer im Singular verwendet, kann aber auf zwei verschiedene Arten gebraucht werden. Er kann als absoluter Singular benutzt werden, wobei er dann eine individuelle Person meint, oder kann auch als kollektiver Singular auf eine Gruppe bezogen werden. Im Kontext des abrahamitischen Bundes bezieht sich der »Same«, wenn er im kollektiven Sinn gebraucht wird, immer auf die Nation Israel (z. B. »dein Same soll sein wie die Sterne und der Sand«). Wenn er als absoluter Singular benutzt wird, gilt er einem bestimmten Individuum – dem Messias.

Das wird im Neuen Testament vom Apostel Paulus betont:

> Dem Abraham aber wurden die Verheißungen zugesagt und seinem Nachkommen. Er spricht nicht: »und seinen Nachkommen« wie bei vielen, sondern wie bei einem: »und deinem Nachkommen«, [und] der ist Christus.
>
> Galater 3,16

Hier in Galater 3,16 zitiert Paulus 1. Mose 22 Vers 18, indem er die Bedeutung von »Same« als absolutem Singular betont und ihn auf Jesus bezieht.

In 1. Mose 3,15 haben wir erfahren, dass der Messias der »Same der Frau« sein würde. Der Messias würde also menschlich sein. Im abrahamitischen Bund wird dies eingeschränkt darauf, dass der Messias ein Nachkomme aus einem bestimmten Zweig der Menschheit sein muss, nämlich ein Nachfahre Abrahams.

Eine zweite Aussage, die in dieser Prophezeiung getroffen wird, ist, dass die Heiden – die Nationen – in Zukunft gesegnet werden durch den Samen Abrahams. Das wird hier nicht erklärt, wird aber in späteren Prophezeiungen genauer beschrieben (Jesaja 42,1–4 und Jesaja 49 Vers 6).

Insgesamt sind es sechs verschiedene Passagen, die zum abrahamitischen Bund gehören. Das sind: 1. Mose 12,1–3; 12,7; 13,14–17; 15,1–21; 17,1–21 und 22,15–18. Eine Studie dieser Abschnitte zeigt, dass es insgesamt 13 spezifische Zusagen innerhalb dieses Bundes gibt. Darauf kann hier nicht näher eingegangen werden, aber wenn man den Bund auf seine grundsätzlichsten Aussagen reduziert, dann könnte man sagen, dass er drei Hauptaspekte hat. Das sind das Land, der Same und der Segen. Der Landaspekt wird in der Schrift im palästinischen Bund weiterentwickelt. Der Segensaspekt wird im Neuen Testament weiter ausgeführt. Der Aspekt des Samens wird durch den davidischen Bund noch detaillierter beschrieben, und da der Same für unsere jetzige Studie wichtig ist, wird auf den davidischen Bund später bei 1. Chronik 17,10b-14 eingegangen. (Das ist in dem Teil über die Schriften, aber es wäre sinnvoll, diese Schriftstelle schon vor dem Teil über die Propheten zu studieren. Einige der Passagen in den Propheten entwickeln tatsächlich Aspekte des davidischen Bundes weiter.)

1. Mose 22,18 lehrt:
Der »Same der Frau« ist auf die Nachkommenschaft Abrahams begrenzt; der Messias sollte ein Jude sein.

1. Mose 49,10 – Der Same Judas

> Nicht weicht das Zepter von Juda, noch der Herrscherstab zwischen seinen Füßen weg, bis er kommt, dem es gehört, und ihm werden die Völker gehorchen.

1. Mose 49 beschreibt die Prophetien, die Jakob über seine Söhne ausgesprochen hat. In Vers 10 macht er eine prophetische Aussage über Juda. Grundsätzlich bedeutet sie, dass Juda seine Stammesidentität oder sein Recht, über die anderen Stämme zu herrschen, nicht verlieren wird, bevor jemand kommt. Der genaue Wortlaut der Aussage variiert zwischen den Übersetzungen. Die meisten Versionen verdunkeln die wirkliche Bedeutung, indem sie das Wort »Schiloh« so gebrauchen, als ob es ein spezieller Name für den Messias wäre. Das Wort sollte tatsächlich aber als ein Possessivpronomen verstanden werden. Die beste Übersetzung ist wahrscheinlich die der New International Version:

»bis er kommt, dem es gehört«. Eine wörtlichere Übersetzung des Verses würde lauten:

> Das Zepter wird nicht weichen von Juda, noch der Herrscherstab von zwischen seinen Füssen, bis er kommt, dessen Recht es ist, und für ihn soll der Gehorsam der Völker sein.

Judas Identität und Recht zu herrschen können nicht verloren gehen, bis er kommt, der das volle Anrecht auf das Zepter hat, den vollen Anspruch auf das Recht zu herrschen. So übersetzt die Septuaginta den Vers, und so tut es auch die syrische Übersetzung. Diese Lesart des Verses wird weiter gestützt durch einen Vergleich mit einer Passage in Hesekiel.

> 30Und du, erschlagener Gottloser, Fürst Israels, dessen Tag gekommen ist zur Zeit der endgültigen Strafe! 31So spricht der Herr, HERR: Weg mit dem Kopfbund, und fort mit der Krone! Nichts bleibt, wie es ist. Das Niedrige soll erhöht und das Hohe erniedrigt werden! 32Zu Trümmern, Trümmern, Trümmern mache ich es. Auch das bleibt nicht – bis der kommt, dem das Recht gehört; dem gebe ich es.
>
> Hesekiel 21,30–32

Hesekiel 21,30–32 (die englische Bibel hat hier die Verse 25–27) beschäftigt sich vor allem mit dem zweiten Kommen des Messias. Vers 30 bezieht sich auf den Antichristen, den letzten Heiden, der über Israel herrscht. In Vers 31 ist mit dem Turban oder der Mitra diejenige des Priesters gemeint (2Mos 28,4.37.39; 29,6; 39,28.31; 3Mos 8,9; 16,4), und die Krone ist die Königskrone. Genauso wie Genesis 49,10 das königliche Zepter benutzt, um die Autorität, das Recht zu herrschen, darzustellen, benutzte Hesekiel die Königskrone, um dasselbe darzustellen. Und es wird genau derselbe Satz verwendet: »bis er kommt, dessen Recht es ist«. Dabei sollte man anmerken, dass Hesekiels Bezugnahme auf die priesterliche Mitra anzeigt, dass der Messias sowohl Priester als auch König sein wird. Darauf wird in Psalm 110 näher eingegangen. Sowohl Priestertum als auch Königsherrschaft werden von Israel weggenommen werden, bis der Messias (zum zweiten Mal) kommt, wenn ihm sowohl Priestertum als auch Königswürde übergeben werden.

Wenn wir zu 1. Mose 49,10 und dem ersten Kommen des Messias zurückkehren, können wir sehen, dass dieser Vers drei Aussagen trifft. Vom Messias ist vorher schon erklärt worden, dass er ein Mensch sein wird, der Nachfahre Abrahams. Jetzt wird seine Abstammung dahingehend eingeschränkt, dass er ein Sohn von Juda sein muss. Ein zweiter Punkt ist, dass der Messias ein König sein wird. Das Zepter und der Herrscherstab zeigen Königswürde und Autorität an. Drittens sollte man sehen, dass der Messias kommen muss, bevor der Stamm Juda seine Identität verliert. Das legt eindeutig eine bestimmte Zeitspanne für diese Prophezeiung fest. Die Aufzeichnungen, durch die die stammesmäßigen Zugehörigkeiten festgehalten wurden, bewahrte man im jüdischen Tempel auf. Alle diese Aufzeichnungen gingen mit der Zerstörung des Tempels 70 n. Chr. verloren. In nur wenigen Generationen hatten alle Stämme Israels, mit Ausnahme Levis, ihre Identität verloren. Sofort nach 70 n. Chr. erließen die Rabbiner Gesetze, die die Identität des priesterlichen Stammes Levi erhalten würden, aber Juden von anderen Stämmen verloren schnell ihre Identität. Da der Stamm Juda seine hervorragende Bedeutung und Identität im Jahre 70 n. Chr. verlor, ist klar zu sehen, dass der Messias einige Zeit vor 70 n. Chr. gekommen sein musste. Es war für den Messias nicht möglich, erst nach 70 n. Chr. zu kommen.

Dieser Vers ist von den Rabbinern einmütig als messianischer Vers angesehen worden. Zum Beispiel übersetzt ihn der Targum Onkelos (eine aramäische Übersetzung) als: »das Übertragen der Herrschaft soll nicht weichen vom Haus Juda, noch der Herrscherstab von seinen Kindeskindern für immer, bis der Messias kommt, dem das Königreich gehört und dem die Nationen gehorchen sollen.« Onkelos hat diesen Vers klar als messianisch gesehen.

Die Rabbiner haben diesen Vers auch als Quelle für einen der rabbinischen Namen des Messias interpretiert: Schilo. Eine Passage lautet: »Der Messias soll Schilo genannt werden, um anzuzeigen, dass er von einer Frau geboren wurde und darum kein göttliches Wesen sein konnte.« Die Plazenta, in der der Fötus im Mutterleib gebildet wird, wird auf Hebräisch *schilját* genannt. Das ist ähnlich wie *schilóh*, das hebräische Wort für Schilo. Das ist eines der rabbinischen Argumente gegen die Göttlichkeit des Messias. Dass er Schilo genannt wurde, hat man sich als einen

Hinweis darauf vorgestellt, dass er aus einer *schilјáh* geboren wurde und darum – nach ihrem Denken – einfach nur Mensch war.

Rashi sagte: »Bis König Messias kommen wird, dem das Königreich zukommt [gemeint ist der Messias], sollen die Nationen suchen.«

Der Midrasch Rabbah 97 zu dieser Passage lautet wie folgt:

»Weiterhin wird der königliche Messias vom Stamm Juda abstammen, wie es heißt [zitiert Jesaja 11,10]. Somit wird vom Stamm Juda, aus dem Salomo stammte, der den ersten Tempel baute, und Serubbabel, der den zweiten Tempel baute, auch der königliche Messias abstammen, der den Tempel wieder aufbauen wird. Nun ist über den Messias geschrieben [zitiert Psalm 89,37] ...«

»... Juda ist ein Löwenjunges. Rabbi Hummah ben Rabbi Hannina sagte: ›Das spielt auf den Messias, den Sohn Davids an, der von zwei Stämmen abstammte, sein Vater von Juda und seine Mutter von Dan, in Verbindung mit dem vom ‚Löwen' geschrieben ist‹ [zitiert 5Mos 33,22] ...«

»... Das Zepter spielt auf den Messias, den Sohn Davids an, der die Nationen züchtigen wird mit einem Stab, wie es geschrieben ist [zitiert Psalm 2,9] ...«

»... ›bis Schiloh kommt‹, das zeigt an, dass alle Nationen dem Messias, dem Sohn Davids, ein Geschenk bringen werden, wie es heißt [zitiert Jesaja 18,7] ...«.

Der Midrasch Rabbah 98 lautet wie folgt: »Dies spielt auf den königlichen Messias an. ›Gehorsam der Völker‹, der Messias wird kommen und wird die Nationen der Welt unruhig machen.« Der Midrasch Rabbah 99 sagt zu 1. Mose 49,10 »dem das Königtum gehört« und nimmt damit wiederum »Schiloh« als Possessivpronomen.

Es ist daher völlig klar, dass die übereinstimmende rabbinische Ansicht von 1. Mose 49,10 lautete, dass sich diese Stelle auf den Messias bezieht.

1. Mose 49,10 lehrt:

Der »Same der Frau» und der »Same Abrahams» wird nun ausdrücklich auf den Stamm Juda bezogen.

Der Messias wird ein König sein.

Der Messias muss vor dem Jahre 70 n. Chr. kommen.

4. Mose 23 und 24 – Die Vorhersagen Bileams

Die Kapitel 22 – 24 im 4. Buch Mose berichten die Geschichte Bileams. Bileam war ein heidnischer Astrologe, ein Seher, der aus einer Region Babylons kam. Er hatte sich quer durch die ganze antike Welt einen beachtlichen Ruf aufgebaut. Es war weithin anerkannt, dass »der, den Bileam verflucht hatte, verflucht war, und der, den Bileam gesegnet hatte, gesegnet war« (22,1–6, dabei besonders Vers 6 und 22,12).

Zu diesem Punkt des Auszugs aus Ägypten war Israel an der Grenze von Moab angekommen und war gerade dabei, das verheißene Land zu betreten. Der König von Moab, einer der frühesten Antisemiten der Geschichte, war allerdings gegen die Aussicht, neue Nachbarn zu bekommen, und entschied sich, aktiv zu werden. Er sandte nach Bileam und beauftragte ihn – mit einem ansehnlichen Geldbetrag – zu kommen und die Juden zu verfluchen. Bileam strengt sich sehr an, seinen Auftrag auszuführen, aber jedes Mal, wenn er seinen Mund öffnet, um Flüche auszusprechen, ergreift Gott die Kontrolle über seine Zunge, und er findet sich plötzlich dabei wieder, dass er stattdessen die Juden segnet. Die vier Vorhersagen, die er ausspricht, die ihm von Gott in den Mund gelegt werden, gehen zum größten Teil auf das zweite Kommen des Messias und auf sein Königreich ein. Es gibt aber trotzdem ein paar Aussagen, die für unsere jetzige Studie von Interesse sind.

Die erste Vorhersage – 4. Mose 23,7–10

> 7Da begann er seinen Spruch und sprach: Aus Aram
> hat Balak mich hergeführt, von den Bergen des Os-
> tens der König von Moab: Komm, verfluche mir Ja-
> kob! Ja, komm und verwünsche Israel! 8Wie soll ich
> verfluchen, wen Gott nicht verflucht, und wie ver-
> wünschen, wen der HERR nicht verwünscht hat?
> 9Denn vom Gipfel der Felsen sehe ich es, und von
> den Höhen herab schaue ich es; siehe, ein Volk, das
> abgesondert wohnt und sich nicht zu den Nationen
> rechnet. 10Wer könnte zählen den Staub Jakobs und
> der Zahl nach den vierten Teil Israels? Meine Seele
> sterbe den Tod der Aufrichtigen, und mein Ende sei
> gleich dem ihren!

Es gibt ein paar Punkte in diesem ersten Orakel, die wert sind, beachtet zu werden. Bileam betont in Vers 8, dass er unfähig ist zu verfluchen, wen Gott nicht verflucht hat. Es wird manchmal gesagt, dass es von Israels Gehorsam abhängt, ob es sich des göttlichen Segens erfreuen kann. An diesem speziellen Punkt seiner Geschichte befindet sich Israel zwar im Ungehorsam, aber trotzdem wacht Gott über es. Unabhängig von seinem Gehorsam oder Ungehorsam wird Israel immer Gottes erwähltes Bundesvolk bleiben. Gott wird niemals Heiden erlauben, Flüche auf es zu legen, die ewige Auswirkungen hätten (wie es nämlich bei Bileam der Fall gewesen wäre). Gott griff daher in dieser Situation ein und machte die Absichten der Menschen zunichte.

Ein zweiter Punkt ist in Vers 9 zur Kenntnis zu nehmen. Die jüdische Nation wird nicht als eine Nation als solche zu erkennen sein. Für einen großen Teil ihrer Geschichte war es den Juden nicht möglich, in einem eigenen Land zu leben. Während das Land von Kanaan oder Palästina oder besser das Land von Israel den Juden durch göttliches Recht bereits gehört, war ihre Fähigkeit, das Land auch wirklich einzunehmen, weitgehend von ihrem Gehorsam gegenüber Gott abhängig. Was Menschen angeht, kann ein Volk ohne Land keine Nation sein, weshalb es in Vers 9 auch heißt: »Sie wohnen alleine ... nicht anerkannt unter den Nationen«. Vom göttlichen Gesichtspunkt aus aber wird das Volk von Israel immer eine klar abgegrenzte Nation sein. Es macht dabei keinen Unterschied, ob Israel sich im Land befindet oder im Ausland zerstreut ist. Gott sieht Israel nicht als das Volk einer bestimmten Gegend, sondern als die Nation an, die von Abraham abstammt. Jude zu sein wird nicht vom Geburtsort oder von religiösen Glaubensansichten bestimmt, sondern ausschließlich durch die Abstammung. Es ist irrelevant, was ein einzelner Jude glauben oder nicht glauben mag, seine jüdische Identität wird von seiner Abstammung bestimmt. Der Judaismus als eine Religion wird natürlich vom Glauben bestimmt, aber Atheisten und Agnostiker werden sich selbst immer noch Juden nennen aufgrund ihrer Linie von Vorfahren.

In der Zerstreuung sind die Juden jahrhundertelang »nicht anerkannt worden unter den Nationen«– das heißt, sie haben keinen separaten nationalen Status erhalten. Sie sind amerikanische, polnische oder russische Juden genannt worden und so weiter, was auch gar nicht ganz falsch ist – ein amerikanischer

Jude ist ein Jude, der in Amerika lebt. Aber biblisch gesprochen kann das niemals stimmen – ein Jude kann nie Amerikaner, Pole oder Russe sein – sondern immer nur ein Jude, wenn auch mit einer recht deutlichen nationalen Identität. Das mag von den Heiden nicht anerkannt werden, aber in Gottes Augen wird Israel immer etwas Besonderes ganz für sich und einzigartig unter den Nationen der Welt sein.

Als Bileam prophetisch in die Zukunft dieser Nation blickt, sieht er, dass Gottes Endziel für sie eines von überragendem Segen ist, und in Vers 10b drückt er seinen Wunsch aus, diesen Segen zu teilen.

Die zweite Vorhersage – 4. Mose 23,18–24

> 18Da begann er seinen Spruch und sprach: Stehe auf, Balak, und höre! Horche auf mich, Sohn des Zippor!
> 19Nicht ein Mensch ist Gott, dass er lüge, noch der Sohn eines Menschen, dass er bereue. Sollte [er] gesprochen haben und es nicht tun und geredet haben und es nicht aufrechthalten? 20Siehe, zu segnen habe ich empfangen; er hat gesegnet, und ich kann's nicht wenden. 21Er erblickt kein Unrecht in Jakob und sieht kein Verderben in Israel; der HERR, sein Gott, ist mit ihm, und Königsjubel ist in ihm. 22Gott ist es, der es geführt. Es hat [Kraft] wie die Hörner des Büffels.
> 23Denn es gibt keine Zauberei gegen Jakob und keine Wahrsagerei gegen Israel. Jetzt wird zu Jakob und zu Israel gesagt: Was hat Gott gewirkt! 24Siehe, ein Volk: wie eine Löwin steht es auf, und wie ein Löwe erhebt es sich. Es legt sich nicht nieder, bis es die Beute verzehrt und das Blut der Erschlagenen getrunken hat!

Es werden hier zwei Hauptaussagen gemacht, die sich vor allem in Vers 21 finden. Bileam sieht eine Zeit in der Zukunft, zu der Israel als Nation als sündlos zu sehen sein wird. Zweitens sagt Bileam, dass während dieser Zeit der Sündlosigkeit Gott selbst bei Israel gegenwärtig sein wird als sein König. Diese Prophetien beziehen sich auf das zweite Kommen des Messias, aber es sollte immer noch bemerkt werden, dass Israel eines Tages Gott selbst in der Mitte des Volkes anwesend haben wird, der als König herrscht.

Die dritte Vorhersage – 4. Mose 24,3–9

> 3Und er begann seinen Spruch und sprach: Es spricht Bileam, der Sohn Beors, und es spricht der Mann mit geöffnetem Auge. 4Es spricht, der die Worte Gottes hört, der ein Gesicht des Allmächtigen sieht, der niederfällt mit enthüllten Augen: 5Wie schön sind deine Zelte, Jakob, deine Wohnungen, Israel! 6Wie Täler breiten sie sich aus, wie Gärten am Strom, wie Aloebäume, die der HERR gepflanzt hat, wie Zedern an den Wassern. 7Wasser rinnt aus seinen Eimern, und seine Saat steht in reichlichen Wassern; und sein König wird höher werden als Agag, und sein Königreich wird erhaben sein. 8Gott hat ihn aus Ägypten herausgeführt. Er hat [Kraft] wie die Hörner des Büffels. Er wird die Nationen, seine Gegner, fressen und ihre Gebeine zermalmen, mit seinen Pfeilen sie durchbohren. 9Er duckt sich, er legt sich nieder wie ein Löwe und wie eine Löwin. Wer will ihn aufstören? Die dich segnen, sind gesegnet, und die dich verfluchen, sind verflucht!

Wiederum sind es zwei Punkte, die hier betont werden. Der erste ist eine Beschreibung des zukünftigen Zustandes von Israel – nämlich eines von überragendem Segen. Der zweite Höhepunkt ist die Beschreibung von Israels zukünftigem König (Vers 7b).

Nachdem er die Einzigartigkeit der Nation Israel im ersten Ausspruch vorgestellt hat, fahren der zweite und dritte Ausspruch damit fort, die Einzigartigkeit des Königs zu betonen, der eines Tages über diese Nation herrschen wird.

Die vierte Vorhersage – 4. Mose 24,15–24

> 15Und er begann seinen Spruch und sprach: Es spricht Bileam, der Sohn Beors, und es spricht der Mann mit geöffnetem Auge. 16Es spricht, der die Worte Gottes hört, der die Erkenntnis des Höchsten besitzt, der

> ein Gesicht des Allmächtigen sieht, der da liegt mit enthüllten Augen: 17Ich sehe ihn, aber nicht jetzt, ich schaue ihn, aber nicht nahe. Es tritt hervor ein Stern aus Jakob, und ein Zepter erhebt sich aus Israel und zerschlägt die Schläfen Moabs und zerschmettert alle Söhne Sets. 18Und Edom wird sein Besitz, und Seir wird sein Besitz, seine Feinde; und Israel wird Mächtiges tun. 19Und einer aus Jakob wird herrschen, und er wird den Überrest aus der Stadt verloren gehen lassen. 20Und er sah Amalek und begann seinen Spruch und sprach: Die erste der Nationen war Amalek, aber sein Ende [führt] zum Untergang. 21Und er sah die Keniter und begann seinen Spruch und sprach: Fest ist dein Wohnsitz, und auf den Felsen gesetzt ist dein Nest; 22jedoch ist Kain der Verwüstung verfallen. Wie lange noch! Dann führt Assur dich gefangen weg. 23Und er begann seinen Spruch und sprach: Wehe! Wer wird am Leben bleiben, wenn Gott das eintreten lässt? 24Und Schiffe [kommen] von der Küste von Kittim und demütigen Assur und demütigen Eber, aber auch das [führt] zum Untergang. – 25Und Bileam machte sich auf, ging weg und kehrte an seinen Ort zurück; und auch Balak ging seines Weges.

Es ist das vierte der Orakel, das von größtem Interesse ist, da wir die Prophetien über das erste Kommen studieren. Die Schlüsselprophezeiungen werden in Vers 17a gegeben. Sie bauen auf der Vorhersage auf, die bereits in 1. Mose 49,10 gegeben wurde.

Ein Stern soll hervorgehen aus Jakob, das ist Israel, und verbunden mit diesem Stern ist ein Zepter, das wie in 1. Mose 49,10 für das Königtum steht (wer das Zepter hat, besitzt auch das Recht zu herrschen). Die Botschaft lautet darum, dass der Messias, wenn er kommt, ein König sein wird. Wie wir noch sehen werden, hat der Messias drei Ämter, wovon eines das des Königs ist.

Die Bedeutung der Schlussworte von Kapitel 24 darf nicht übergangen werden. Nachdem er sein Werk vollendet hat, kehrt Bileam, der babylonische Astrologe, zu »meinem Volk« (Vers 14) zurück und zu »meinem Ort« (Vers 25). Mit sich nimmt er die

Prophezeiung eines Sterns, der die Geburt eines einzigartigen und mächtigen Königs anzeigen wird, der über Israel herrschen wird. Wie wir später in dieser Studie noch sehen werden (in Anhang 6), haben spätere Generationen von Astrologen diese Worte aufgezeichnet und haben Ausschau gehalten nach diesem Stern. Bei seinem Erscheinen sind sie hingegangen und haben den neugeborenen König gefunden und ihn angebetet.

4. Mose 24,17a lehrt:
Der Messias soll ein König sein.

5. Mose 18,15–19 – Ein Prophet wie Mose

> 15Einen Propheten wie mich wird dir der HERR, dein Gott, aus deiner Mitte, aus deinen Brüdern, erstehen lassen. Auf ihn sollt ihr hören 16nach allem, was du vom HERRN, deinem Gott, am Horeb erbeten hast am Tag der Versammlung, indem du sagtest: Ich möchte die Stimme des HERRN, meines Gottes, nicht länger hören, und dieses große Feuer möchte ich nicht mehr sehen, damit ich nicht sterbe! 17Da sprach der HERR zu mir: Sie haben recht getan [mit dem], was sie geredet haben. 18Einen Propheten wie dich will ich ihnen aus der Mitte ihrer Brüder erstehen lassen. Ich will meine Worte in seinen Mund legen, und er wird zu ihnen alles reden, was ich ihm befehlen werde. 19Und es wird geschehen, der Mann, der nicht auf meine Worte hört, die er in meinem Namen reden wird, von dem werde [ich] Rechenschaft fordern.

5. Mose 18,18 enthält eine Verheißung, die Gott Mose gegeben hat. Gott verspricht Mose, dass er einen Propheten aufstehen lassen wird »wie dich«. Warum legt Gott genau fest, dass es ein Prophet wie Mose sein wird? Der einzigartige Status von Mose unter den anderen Propheten wird in 4. Mose 12,5–8 erklärt.

> 5Und der HERR kam in einer Wolkensäule herab und stand im Eingang des Zeltes; und er rief Aaron und Mirjam, und die beiden traten hinaus. 6Und er sprach: Hört doch meine Worte! Wenn ein Prophet

> des HERRN unter euch ist, dem will ich mich in einem Gesicht zu erkennen geben, im Traum will ich mit ihm reden. 7So steht [es] nicht [mit] meinem Knecht Mose. Er ist treu in meinem ganzen Haus; 8mit ihm rede ich von Mund zu Mund, im Sehen und nicht in Rätselworten, und die Gestalt des HERRN schaut er. Warum habt ihr euch nicht gefürchtet, gegen meinen Knecht, gegen Mose, zu reden?
>
> 4. Mose 12,5–8

In dieser Passage lästern Aaron und Miriam gegen ihren Bruder Mose, weil sie nicht mit der Frau einverstanden sind, die er geheiratet hat. Gott selbst tritt daraufhin für Mose ein und erklärt Moses einzigartige Position, die er vor ihm hat.

Sogar bei großen Männern wie Elia und Jesaja hat Gott sich nicht direkt offenbart, sondern Träume, Visionen und andere Methoden benutzt. Mose ist der einzige Mensch, der direkte Offenbarung von Gott empfangen hat. Von diesem Vers ausgehend hat der Judaismus seine Anschauung von der dreifachen Inspiration der Heiligen Schrift entwickelt (s. Einleitung).

Vorher ist uns gesagt worden, dass der Messias ein König sein wird. Jetzt aber wird uns erklärt, dass er auch ein Prophet sein wird, und nicht ein gewöhnlicher Prophet, sondern einer, der von »Mund zu Mund« mit Gott sprechen und die tatsächliche Gestalt von Jahwe sehen wird.

Viele Autoren haben versucht, Listen mit Ähnlichkeiten zwischen Mose und Jesus aufzustellen, dem »Prophet wie Mose«. Viele dieser Parallelen sind ziemlich erfunden und etwas phantastisch. Wir können aber auf jeden Fall auf vier klare Ähnlichkeiten zwischen dem Dienst des Mose und dem des Messias hinweisen:

Ein Prophet (4. Mose 12,6–8) Wie oben erklärt.

Ein Erlöser (2. Mose 3,10) In 2. Mose 3,1–10 sieht Gott das Leiden des Volkes Israel und erklärt seine Absicht, sie aus dem Land Ägypten zu retten. Mose ist der Mann, den Gott erwählt hat, das Volk aus seiner Gefangenschaft herauszuführen. (Man beachte, dass der Engel Jahwes, der in Vers 2 erwähnt wird, im vierten Teil dieser Studie eingehender behandelt wird.) Wie bereits zu sehen war, wird der Messias ebenfalls ein Erlöser sein.

Ein Vermittler (2. Mose 20,18–21) Gott sprach direkt zum Volk Israel (2Mos 19,16–25). Der Klang seiner Stimme war so überwältigend, dass das Volk Mose bat, für sie zu vermitteln, so dass sie Gottes Stimme nicht mehr hören würden, sondern nur Gottes Worte, die ihnen von Mose wiederholt wurden.

Ein Fürbitter (2. Mose 32,7–35) Während des langen Auszugs aus Ägypten geschah es oft wegen Moses Fürbitte ihretwegen, dass Israel dem Gericht Gottes entkam und überlebte. Das wird in 2. Mose 32,30–32 besonders klar.

Der Messias wird der Gestalt des Mose in jedem dieser vier Gebiete entsprechen: Er wird ein Prophet sein, ein Erlöser, ein Vermittler und Fürbitter.

5. Mose 18,15–19 lehrt:
Der Messias soll ein Prophet sein.

Zusammenfassung des Gesetzes

Die messianischen Prophetien im Gesetz, die sich auf das erste Kommen des Messias beziehen, können in sechs Schlüsselaussagen zusammengefasst werden.

Der Same

Dem Thema des Samens sind wir dreimal begegnet:

Der Same der Frau Der Messias würde ein Mensch sein, also weder ein Engel noch einfach Gott als Gott.

Der Same Abrahams Der Messias würde aus einem bestimmten Teil der Menschheit kommen; er würde ein Jude sein, kein Heide.

Der Same Judas Obwohl es zwölf jüdische Stämme gab, würde der Messias aus einem bestimmten dieser Stämme kommen, dem Stamm Juda. Das erfordert, dass der Messias vor der Zerstörung der jüdischen genealogischen Aufzeichnungen im Jahre 70 n. Chr. kommen musste.

Sowohl Gott als auch Mensch

Obwohl Eva fälschlicherweise Kain als den Messias identifiziert hatte, verstand sie doch klar, dass der Messias ein Gott-Mensch sein müsste.

Ein König Mehr als einmal wurde das Symbol des Zepters benutzt, um anzuzeigen, dass der Messias ein König sein würde.

Ein Prophet wie Mose Der Messias würde ein Prophet sein, und zwar ganz speziell ein Prophet wie Mose.

Entfernen des Fluches Obwohl Lamech fälschlicherweise seinen Sohn Noah als Messias angesehen hatte, verstand er doch klar, dass der Messias, sobald er käme, den Fluch entfernen würde, der durch Adams Sünde über die Erde gebracht worden war.

Ein Fingerzeig auf die Jungfrauengeburt Obwohl es nicht ebenso klar festgestellt wird wie die obigen fünf Punkte, gibt es in 1. Mose 3,15 doch einen Hinweis, dass der Messias von einer Jungfrau geboren werden würde. Der Messias würde als der Same einer Frau benannt werden und nicht als der eines Mannes.

Die Propheten

Jesaja 7,1–17 – Geboren von einer Jungfrau

1Es begab sich zur Zeit Ahas, des Sohnes Jothams,
des Sohnes Usias, des Königs in Juda, da zog herauf
Rezin, der König von Syrien, und Pekah, der Sohn
Remaljas, der König Israels, gen Jerusalem, gegen
dassebe zu streiten, konnten es aber nicht gewinnen.
2Da ward dem Hause David angesagt: Die Syrer ha-
ben sich gelagert in Ephraim. Da bebte ihm das Herz
und das Herz seines Volkes, wie die Bäume im Walde
beben vom Winde. 3Aber der HERR sprach zu Jesaja:
Gehe hinaus, Ahas entgegen, du und dein Sohn Sear-
Jasub, an das Ende der Wasserleitung des oberen
Teiches, am Wege beim Acker des Walkmüllers, 4und
sprich zu ihm: Hüte dich und sei still; fürchte dich
nicht, und dein Herz sei unverzagt vor diesen zwei
rauchenden Löschbränden, vor dem Zorn Rezins und
der Syrer und des Sohnes Remaljas, 5dass die Syrer
wider dich einen bösen Ratschlag gemacht haben
samt Ephraim und dem Sohn Remaljas und sagen:
6Wir wollen hinauf nach Juda und es erschrecken
und hineinbrechen und zum König darin machen
den Sohn Tabeels. 7Denn also spricht der Herr HERR:
Es soll nicht bestehen noch also gehen; 8sondern wie
Damaskus das Haupt ist in Syrien, so soll Rezin das
Haupt zu Damaskus sein. Und über fünfundsechzig
Jahre soll es mit Ephraim aus sein, dass sie nicht
mehr ein Volk seien. 9Und wie Samaria das Haupt
ist in Ephraim, so soll der Sohn Remaljas das Haupt
zu Samaria sein. Glaubt ihr nicht, so bleibt ihr nicht.

10Und der HERR redete abermals zu Ahas und
sprach: 11Fordere dir ein Zeichen vom HERRN, dei-
nem Gott, es sei unten in der Hölle oder droben in der
Höhe! 12Aber Ahas sprach: Ich will's nicht fordern,

dass ich den HERRN nicht versuche. [13]Da sprach er: Wohlan, so höret, ihr vom Hause David: Ist's euch zu wenig, dass ihr die Leute beleidigt, ihr müsst auch meinen Gott beleidigen? [14]Darum so wird euch der HERR selbst ein Zeichen geben: Siehe, eine Jungfrau ist schwanger und wird einen Sohn gebären, den wird sie heißen Immanuel. [15]Butter und Honig wird er essen, wann er weiß, Böses zu verwerfen und Gutes zu erwählen. [16]Denn ehe der Knabe lernt Böses verwerfen und Gutes erwählen, wird das Land verödet sein, vor dessen zwei Königen dir graut.

[17]Aber der HERR wird über dich, über dein Volk und über deines Vaters Haus Tage kommen lassen, die nicht gekommen sind, seit der Zeit, da Ephraim von Juda geschieden ist, durch den König von Assyrien.

Die Kapitel 7 – 12 bilden bei Jesaja eine einzige Einheit, die manchmal als das »Buch vom Immanuel« bezeichnet wird, weil der Name »Immanuel« dreimal im hebräischen Text erscheint (Jes 7,14; 8,8.10). Die erste Prophetie, die wir in diesem Abschnitt der Bibel betrachten wollen, beschäftigt sich mit der Geburt Immanuels. In der Bibel zeigen sich die Gedanken der Eltern in der Bedeutung des Namens, den sie ihrem Kind geben. Und wenn Gott selbst ein Kind benennt, wie hier, dann zeigt dessen Name seine innerste Natur. »Immanuel« bedeutet »mit uns, Gott«. Der Charakter des Kindes wird sein »Gott unter uns«.

Die Kontroverse

Wie in unserer Diskussion von 1. Mose 3 Vers 15, so ist auch Jesaja 7,13–14 eine Prophezeiung, die sich auf die jungfräuliche Empfängnis und Geburt des Messias bezieht. Es ist vielleicht die am gegensätzlichsten ausgelegte der messianischen Prophetien und erfordert darum eine genauere textliche Analyse als andere. Die genaue Bedeutung dieser Passage wird von Rabbinern, liberalen Theologen und sogar einigen evangelikalen Theologen bestritten.

Die Passage spricht von einem »Zeichen: Eine Jungfrau wird schwanger sein«. Es gibt hier zwei Streitpunkte:

Das Zeichen

Da der Kontext des Kapitels eine sich schnell erfüllende Prophezeiung erfordert, die König Ahas ein Zeichen gibt, wie kann sie auf die Geburt eines Kindes bezogen werden, das erst etwa 700 Jahre später geboren wurde, wie in Matthäus 2,22–23 erklärt wird?

Das hebräische Wort »almáh«

Bedeutet es wirklich »Jungfrau« oder einfach eine junge, unverheiratete Frau?

Wir werden uns mit diesen beiden umstrittenen Fragen beschäftigen, bevor wir über den Sinn des Textes selbst sprechen.

Das Textverständnis

Da Jesaja 7,13–14 ein sofortiges Zeichen an König Ahas erfordert, haben viele Evangelikale diesen Vers als ein Beispiel von »doppelter Erfüllung« angesehen.[2]

Dieses Prinzip besagt, dass eine Prophetie mehr als eine Erfüllung haben kann. Demgemäß kann dieser Vers also sowohl ein Zeichen für König Ahas als auch das Zeichen aus Matthäus 2,22–23 (die Geburt von Jesus) sein.

Der Verfasser dieses Buches akzeptiert das Prinzip der doppelten Erfüllung weder hier noch an irgendeiner anderen Stelle der Bibel. Wenn dieser Grundsatz nämlich zutreffen würde, bestünde überhaupt keine wirkliche Notwendigkeit für die Jungfrauengeburt.

Es gibt noch ein anderes, besseres Auslegungsprinzip für biblische Texte, nämlich dasjenige der »doppelten Bezugnahme«. Dieses Prinzip besagt, dass ein Abschnitt der Heiligen Schrift, der sich mit einer Person, einem Ereignis und einer Zeit befasst, von einem anderen Schriftabschnitt gefolgt werden kann, der sich mit einer anderen Person oder Zeit bzw. Ort beschäftigt, ohne dass dabei eine klare Trennung zwischen den beiden Blöcken gemacht oder auf eine Lücke zwischen ihnen hingewiesen

---

[2] Wir unterscheiden direkte und indirekte messianische Verheißungen. Die direkten erfüllen sich direkt nur im Messias (Beispiel: Psalm 110); die indirekten beziehen sich zuerst auf einen Typus des Messias zur Zeit des Schreibers (Vorerfüllung) und haben eine Enderfüllung zur Zeit des Messias. [Anm. d. Red.]

wird. Die Tatsache eines solchen Zeitsprungs ist von anderen Schriftstellen her bekannt. Es gibt hier daher zwei verschiedene Prophezeiungen, die Seite an Seite stehen und jede ihre eigene Erfüllung haben – aber eben nur eine Erfüllung pro Prophetie. »Doppelte Erfüllung« bedeutet, dass eine Weissagung zwei Erfüllungen haben kann. »Doppelte Bezugnahme« besagt demgegenüber, dass ein Teil der Schrift tatsächlich zwei Prophetien beinhalten kann, die jede ihre eigene Erfüllung haben.

Wie später erklärt werden wird, enthält Jesaja 7,13–17 zwei ziemlich verschiedene Prophetien mit unterschiedlichen Zielsetzungen, die unterschiedliche Erfüllungen zu verschiedenen Zeitpunkten haben.

Das hebräische Wort »almáh«

Die größte Debatte ist natürlich über die genaue Bedeutung des hebräischen Wortes *almáh* entstanden, hier mit *Jungfrau* übersetzt. Um eine junge Frau zu beschreiben, hätte Jesaja drei verschiedene Worte gebrauchen können:

1. Na-aráh Na-aráh bedeutet junge Frau und kann sich entweder auf eine Jungfrau (1. Könige 1,2) oder eine Nicht-Jungfrau beziehen (wie in Ruth 2,6).

2. Bethuláh

   Von diesem Ausdruck nimmt man im Allgemeinen an, dass er – und zwar ausschließlich – eine Jungfrau bedeutet. Es wird argumentiert, dass Jesaja, wenn er wirklich eine *Jungfrau* gemeint habe, dieses Wort verwendet hätte. Es ist zwar wahr, dass dieses Wort oft im Sinne von *Jungfrau* gebraucht wird, aber nicht immer. Zum Beispiel:

   i. In Joel 1,18 wird es mit Bezug auf eine Witwe gebraucht.

   ii. In 1. Mose 24,16 fügt der Schreiber, weil das Wort eben nicht exklusiv »Jungfrau« meint, den Satz »hatte niemals einen Mann erkannt« hinzu, um klarzumachen, was er meint.

   iii. Nochmals muss auch in Richter 21,12 der Satz »hatte keinen Mann erkannt« hinzugefügt werden, um die genaue Bedeutung wiederzugeben.

3. Almah

Almah bedeutet eine Jungfrau, eine junge Jungfrau, eine Jungfrau im heiratsfähigen Alter. Der Ausdruck wird siebenmal in den hebräischen Schriften gebraucht, ohne auch nur ein einziges Mal eine verheiratete Frau zu beschreiben – dieser Punkt ist unumstritten.

i. 1. Mose 24,43. Im Kontrast zur oben erwähnten Stelle 24,16 erfordert Vers 43 keine hinzugesetzten erklärenden Bemerkungen, da das Wort schon allein ausreicht, um »Jungfrau« auszudrücken. Außerdem wird es von Rebekka benutzt, die zum Zeitpunkt ihrer Verheiratung mit Isaak ganz offensichtlich noch eine Jungfrau war.

ii. 2. Mose 2,8. Benutzt in Bezugnahme auf Miriam, die Schwester Moses, die eine Jungfrau war.

iii. Psalm 68,26. Gebraucht in Bezug auf die königliche Prozession von Jungfrauen. Da der König in diesem Textzusammenhang Gott selbst ist, ist völlige Jungfräulichkeit gefordert; es ist undenkbar, dass Gott unzüchtige, unverheiratete Frauen in seiner Prozession zulassen würde.

iv. Hohelied 1,3. Der Kontext hier ist Reinheit in der Ehe.

v. Hohelied 6,8. Das Wort wird hier im Gegensatz zu Ehefrauen und Konkubinen gebraucht, die offensichtlich nicht Jungfrauen sind.

vi. Sprüche 30,19.20. Der Begriff wird in Vers 19 im Kontrast zu einer Ehebrecherin in Vers 20 benutzt.

vii. Jesaja 7,14. Da alle oben genannten *sechs* Verse eine »Jungfrau« meinen, welchen Grund gibt es, Jesaja 7,14 zur einzigen Ausnahme zu machen?[3]

Da jedermann darin übereinstimmt, dass *almáh* eine unverheiratete Frau bezeichnet, würde, wenn die Frau in Jesaja 7,14 eine

[3] Wenn wir, wie der Kontext zeigt, eine Geburtsankündigung in nächster Zukunft zu erwarten haben (Jes 7,15f.) und wenn Jesaja 7,14 zugleich den Messias meint, muss *almáh* sowohl junge Frau wie Jungfrau bedeuten, sonst haben wir zwei Jungfrauengeburten, eine im Alten und eine im Neuen Testament. [Anm. d. Red.]

Nicht-Jungfrau wäre, Gott ein Zeichen, das Unzucht und Illegitimität beinhalten würde, versprechen. Es ist undenkbar, dass Gott Sünde sanktionieren würde, und abgesehen davon, was wäre so Ungewöhnliches an einem illegitimen Baby, dass es überhaupt ein Zeichen ausmachen könnte?

Was die antiken jüdischen Schriftsteller angeht, so gab es keinen Streit darum, dass Jesaja 7,14 eine Jungfrauengeburt vorhersagt. Die *Septuaginta* ist eine griechische Übersetzung der hebräischen biblischen Schriften, die ungefähr 200 Jahre v. Chr. angefertigt wurde, 200 Jahre, bevor die Frage nach Jesu Messianität überhaupt auftauchte. Die Juden, die diese Übersetzung machten und viel näher an den Zeiten von Jesaja lebten als wir es heute tun, übersetzten Jesaja 7 Vers 14, indem sie das griechische Wort *párthenos* gebrauchten, das sehr klar und ausschließlich eine Jungfrau meint. Es kann darum keinen Zweifel daran geben, dass es sich bei dem einzigartigen Ereignis, das Gott als Zeichen verheißt, um die wundersame Empfängnis eines Sohnes von einem Mädchen, das noch Jungfrau ist, handelt.

Die Bedrohung des Hauses David (Vers 1 und 2)

Zu diesem Zeitpunkt in der Geschichte war ein Königreich dabei, sich zu erheben, das die kleineren Reiche des Mittleren Ostens bedrohte – das Assyrische Reich. Unter diesen kleineren Königtümern waren Syrien (oder Aram), das nördliche Reich von Israel (oder Ephraim) und das südliche Reich von Juda. Die Könige von Israel und Syrien vereinigten ihre Kräfte gegen ihren gemeinsamen Feind (Verse 1–2), aber sie hatten immer noch nicht genug militärische Macht, um der assyrischen Attacke zu widerstehen. Sie luden Juda ein, sich ihnen anzuschließen, aber Ahas, der König von Juda, lehnte das ab.

Israel und Syrien verschworen sich daraufhin, Ahas den Thron zu nehmen, aber nicht nur Ahas allein (sonst hätten sie vielleicht Erfolg gehabt), sondern sie wollten auch das ganze Haus Davids absetzen (das ist die Betonung in Vers 2). Anschließend wollten sie eine neue Dynastie in Juda aufrichten, die eher zu einer Allianz gegen Assyrien geneigt wäre. Das ist dann ein direkter Angriff auf Gottes ewigen Vertrag mit David. Er ist daher zum Scheitern verurteilt. (Der davidische Bund wird unter

1. Chronik 17,10b–14 auf den Seiten 91–93 im Abschnitt über die Schriften[4] besprochen.)

Die Botschaft an Ahas (Vers 3 bis 9)

Ahas ist kein Verehrer des einen, wahren Gottes, sondern ist in Götzendienst gefallen und fürchtet sich sehr vor dem näher rückenden Angriff (Vers 2). In den Versen 3–9 gibt Gott eine Botschaft für Ahas. In Vers 3 wird Jesaja damit beauftragt, Ahas zu treffen, der die Wasservorräte für eine Belagerung inspiziert. Jesaja hat auch seinen Sohn mitzunehmen. Sein Sohn heißt Schear-Jaschub, was bedeutet »ein Überrest wird zurückkommen«. Die Begründung, weshalb er seinen Sohn mitzunehmen hat, wird nicht vor den Versen 15–16 erklärt.

In den Versen 4–6 wird die Botschaft übermittelt, die die Verschwörung beschreibt, und Ahas ermutigt, sich nicht zu fürchten. Die Verschwörung besteht darin, Ahas zu stürzen und ihn durch den Sohn des Tabeél zu ersetzen. Jesaja war ein Meister der hebräischen Sprache und liebte es, Wortspiele anzustellen. Das tut er hier in Vers 6. Tabeél bedeutet »Gott ist gut«. Indem er das Vokalmuster nur ganz leicht variiert, verändert Jesaja das zur Bedeutung »gut für nichts«. Derjenige, dessen Name lautet »Gott ist gut«, wird sich als »gut für nichts« herausstellen. Wegen des davidischen Bundes kann keine Verschwörung gegen das Haus David jemals Erfolg haben. Gott stellt das klar in Vers 7 fest, und in den Versen 8–9 wird Gott die zwei Könige richten, die an der Verschwörung beteiligt waren.

Das Angebot eines Zeichens (Vers 10 bis 17)

Aber Ahas ist ein Götzendiener, der Gott nicht vertraut und der bereits seine eigenen Arrangements gemacht hat. Er hat Briefe und Geschenke an den assyrischen Kaiser geschickt, in denen er ihn um Hilfe bei seiner Verteidigung gegen diese beiden Könige bittet. Er hat größeren Glauben an das assyrische Reich als an den Gott Israels. So spricht Gott in Vers 10 ein zweites Mal. Er

[4] Der Ausdruck »Schriften» bezieht sich hier speziell auf die Gliederung der hebräischen Bibel. Die »Schriften» stellen den 3. Teil dar und enthalten folgende Bücher: Psalmen, Hiob, Sprüche, Ruth, Hohelied, Prediger, Klagelieder, Esther, Daniel, Esra, Nehemia und die Chroniken (in dieser Reihenfolge). [Anm. d. Red.]

bietet Ahas ein Zeichen an – wessen auch immer es bedürfen würde, um Ahas zu überzeugen, sich nicht zu fürchten, nicht den Assyrern, sondern Gott zu vertrauen – was auch immer es brauchte, lasst ihn darum bitten und Gott wird es für ihn tun. Das Wort »Zeichen« meint nicht an sich ein Wunder, es könnte ein Wunder oder ein natürliches Zeichen sein. Im Kontext ist dabei aber klar, dass ein Wunder nötig sein würde, um Ahas zu überzeugen. Gott bietet ihm ein Zeichen an, wo auch immer er es will – im Himmel, auf der Erde, unter der Erde – was auch immer es bräuchte, um ihn zu überzeugen.

Die Zurückweisung des Angebots (Vers 12)

Als Antwort wird der götzendienerische Ahas plötzlich sehr geistlich. In Vers 12 lehnt er es ab, Gott »auf die Probe zu stellen« oder zu »versuchen«. Das ist eine Bezugnahme auf 5. Mose 6,16 (auch noch im Götzendienst war sich Ahas des wahren Gottes nicht unbewusst!), aber er wendet es falsch an. 5. Mose 6,16 warnt davor, Gott um ein Zeichen zu *bitten*, aber hier *bietet* Gott ein Zeichen *an* und Ahas ist dazu eingeladen, darauf zu antworten. Ahas will kein Zeichen, damit es nicht zustande käme und er gezwungen wäre, seinen Bund mit Assyrien aufzugeben.

Hierauf folgen die entscheidenden Verse, nämlich 13 und 14.

Das Zeichen für das Haus Davids (Vers 13 und 14)

In Vers 13 wendet sich Jesaja davon ab, Ahas als Individuum anzureden, und spricht das ganze Haus Davids an. Im Hebräischen gibt es einen Unterschied und einen klaren Wechsel zwischen dem »Du« im Singular in den Versen 9, 10, 11, 16, 17 und dem »Du« im Plural in den Versen 13–14.[5] Das Zeichen ist darum nicht nur für Ahas, sondern für das ganze Haus Davids. Das wird klarer, wenn wir die Passage wiedergeben mit genauer Bezeichnung der Worte im Singular *[Sg]* und Plural *[Pl]*:

> Und wie Samaria das Haupt ist in Ephraim, so soll der Sohn Remaljas das Haupt zu Samaria sein. Glaubst du [Sg] nicht, so bleibt du [Sg] nicht.

---

[5] Dies wird im Deutschen zwar unterschieden, eine Prüfung zeigt aber, dass die deutschen Übersetzungen hier nicht immer exakt sind.

> Und der HERR redete abermals zu Ahas und sprach: Fordere dir [Sg] ein Zeichen vom HERRN, deinem Gott, es sei unten in der Hölle oder droben in der Höhe! Aber Ahas sprach: Ich will's nicht fordern, dass ich den HERRN nicht versuche. Da sprach er: Wohlan, so höret, ihr vom Hause David: Ist's euch [Pl] zu wenig, dass ihr [Pl] die Leute beleidigt, ihr müsst auch meinen Gott beleidigen? Darum so wird euch [Pl] der HERR selbst ein Zeichen geben: Siehe, eine Jungfrau ist schwanger und wird einen Sohn gebären, den wird sie heißen Immanuel. Butter und Honig wird er essen, wenn er weiß, Böses zu verwerfen und Gutes zu erwählen. Denn ehe der Knabe lernt Böses verwerfen und Gutes erwählen, wird das Land verödet sein, vor dessen zwei Königen dir [Sg] graut.
>
> Aber der HERR wird über dich [Sg], über dein Volk und über deines Vaters Haus Tage kommen lassen, die nicht gekommen sind, seit der Zeit, da Ephraim von Juda geschieden ist, durch den König von Assyrien.

In Vers 14 wird mit dem hebräischen Ausdruck »Siehe« ein Wort gebraucht, das die Aufmerksamkeit auf ein Ereignis zieht, das an sich sowohl in der Vergangenheit, Gegenwart oder Zukunft sein könnte. Grammatikalisch ist es allerdings so, dass immer dann, wenn »siehe« mit einem hebräischen Partizip Präsens gebraucht wird, auf ein zukünftiges Ereignis Bezug genommen wird. Das ist der Fall hier. Nicht nur die Geburt, sondern auch die Empfängnis selbst ist Zukunft. Die Aussage bezieht sich nicht auf eine schwangere Frau, die dabei ist, zu gebären.

Der Text sagt ausdrücklich »*die* Jungfrau« (die Elberfelder Bibel und andere deutsche Übersetzungen sind an diesem Punkt korrekt; die Luther-Bibel sagt »*eine* Jungfrau«, was falsch ist.[6] Gemäß den Regeln der hebräischen Grammatik sollte der Leser, wenn er die Benutzung eines bestimmten Artikels (*die*) findet,

---

[6] Hier eine kleine Auslese von deutschen Übersetzungen: *die* Jungfrau - Delitzsch, Elberfelder, Menge, Schlachter, Stenzel; *eine* Jungfrau - Luther; *das junge Weib* - Zürcher, Zunz; *das Jungweib* - Konkordante; *junge Weiber* - Kautzsch; *junge Frau* - Gute Nachricht; *die Junge* - Buber-Rosenzweig; *das junge Mädchen* - Jerusalemer 1968; *die Herangereifte* - Neue Welt (Zeugen Jeh.). M. Künstler.

nach einem Bezug im unmittelbaren vorherigen Kontext suchen. Nachdem wir der Passage von Kapitel 7,1 an gefolgt sind, hat es aber keine Erwähnung von irgendeiner Frau gegeben. Da also die Suche im unmittelbaren Textzusammenhang erfolglos war, kommt als zweite Regel das »Prinzip der vorherigen Bezugnahme«, also etwas, worauf viel früher eingegangen worden war und was als Allgemeinwissen unter den Beteiligten vorausgesetzt werden kann. Wo in der jüdischen Schrift oder Tradition gibt es irgendeinen Begriff von »der Jungfrau, die einen Sohn gebiert«? Der einzige mögliche Bezug ist 1. Mose 3 Vers 15. Im Gegensatz zur biblischen Norm sollte der Messias nach der Nachkommenschaft der Frau benannt werden. Warum? Deswegen, weil er keinen menschlichen Vater haben würde; seine Empfängnis sollte eine jungfräuliche Empfängnis und Geburt sein.

Der Schlüsselgedanke hiervon darf nicht verfehlt werden. Gott verspricht, dass das Haus Davids nicht abgesetzt werden oder seine Identität verlieren kann bis zur Geburt des von einer Jungfrau geborenen Sohnes. Das wiederum erfordert, dass der Messias vor der Zerstörung des Tempels und seiner genealogischen Aufzeichnungen 70 n. Chr. geboren werden musste.

Das Zeichen für Ahas (Vers 15 bis 17)

Nachdem wir geschlossen haben, dass Jesaja 7,12–14 eine langfristige Prophezeiung über die Geburt des Messias ist, bleibt dabei immer noch ein Problem übrig. Was ist mit Ahas? Ein Ereignis, das 700 Jahre in der Zukunft liegt, ist von geringer Bedeutung für ihn. Aber es gibt noch ein zweites Zeichen in den Versen 15–17, und dieses Mal ist es speziell für Ahas. Das »Du« in Vers 16 steht wieder im Singular und meint Ahas. Bevor Jesajas Sohn alt genug sein wird, moralische Entscheidungen zwischen gut und böse anzustellen, werden die Könige von Israel und Syrien abgesetzt und ihre Bedrohung damit entfernt werden. Dies wurde binnen drei Jahren erfüllt. Jesaja verwendet wiederum den bestimmten Artikel vor dem Ausdruck »Junge«. Diesmal gibt es einen anderen Jungen, der im Kontext erwähnt wird: Jesajas Sohn. Der Junge von Vers 16 kann nicht der Sohn aus Vers 14 sein, sondern bezieht sich zurück auf Jesajas Sohn in Vers 3. Warum hätte ihn Jesaja sonst mitnehmen sollen?

Zusammenfassung

In Jesaja Kapitel 7 befindet sich Ahas, der König von Juda, unter der Drohung eines Angriffs. Diese Bedrohung gilt nicht nur ihm persönlich, sondern richtet sich gegen das ganze Haus Davids. Durch den Propheten Jesaja fordert Gott König Ahas auf, beruhigt zu sein und sich nicht zu fürchten. Zwei Gründe werden gegeben, zwei Zeichen, die Gottes Verheißung von Sicherheit garantieren. Das erste Zeichen, in den Versen 13 und 14, ist, dass kein Versuch, das Haus Davids zu zerstören, Erfolg haben wird bis zur Geburt eines von einer Jungfrau geborenen Sohnes (der Ausdruck »Jungfrau« wird sowohl vom hebräischen Vokabular als auch vom Kontext gefordert). Das zweite Zeichen, in den Versen 15 und 16, wird Ahas persönlich gegeben. Gott verspricht, dass der Angriff gegen ihn von Israel und Syrien keinen Erfolg haben wird, und dass die beiden feindlichen Könige aufhören werden, zu existieren, bevor Jesajas Sohn Schear-Jaschub ein Alter von moralischer Reife erreicht.

Jesaja 7, 14 lehrt:
Der Messias wird von einem Mädchen geboren werden, das noch Jungfrau ist; das ist die Erklärung von 1. Mose 3 Vers 15.
Der Messias wird ein Gott-Mensch sein.
Der Messias wird ein König sein.
Der Messias muss vor der Zerstörung des Tempels 70 n. Chr. geboren werden.

Jesaja 8,9–10 – Die Verheißung des Immanuel

> 9Seid böse, ihr Völker, und gebt doch die Flucht! Höret's alle, die ihr in fernen Landen seid! Rüstet euch, und gebt doch die Flucht; rüstet euch, und gebt doch die Flucht! 10Beschließt einen Rat, und es werde nichts daraus; beredet euch, und es bestehe nicht; denn hier ist Immanuel.

Jesaja 7 beschreibt, wie König Ahas unter der Androhung eines Angriffs stand. Diese Drohung richtete sich zunächst gegen König Ahas selbst, aber auch gegen das Haus von König David. Als Gott seinen Bund mit David schloss, hatte er ihm eine ewige Dynastie verheißen (vgl. die Diskussion zu 1. Chronik 17,10b-14 im Abschnitt über die Schriften). Dieser Bund versicherte dem Haus Davids Gottes Schutz. Gottes Antwort in Jesaja 7 bestand darin, König Ahas ein Zeichen anzubieten, das ihm seine Sicherheit bestätigen sollte, und noch ein weiteres Zeichen anzubieten, das den Fortbestand des Hauses Davids beglaubigen sollte. Der Kerngedanke lautete also, dass Gott sich vorgenommen hatte, die Linie Davids zu bewahren, bis »die Jungfrau empfangen und einen Sohn gebären und seinen Namen Immanuel nennen soll«. Es ist daher klar, dass alle Verschwörungen und Aufstände gegen das Haus Davids zum Scheitern verdammt wären, bis diese Geburt stattfinden würde.

Das ist auch der Punkt, der in Jesaja 8,9–10 bestätigt wird. Die Stoßrichtung dieser beiden Verse geht allerdings in manchen Übersetzungen verloren, weil sie es verfehlen, »Immanuel« als wirklichen Eigennamen wiederzugeben.[7] Der Name bedeutet zwar »Gott mit uns«, aber es ist falsch, in Vers 10 statt des Namens die Übersetzung anzugeben. Es ist dasselbe Wort wie in Kapitel 7 Vers 14 und Kapitel 8 Vers 8 und sollte hier genauso wie dort wiedergegeben werden: Immanuel. Was gesagt wird, lautet nämlich »greift an, wenn ihr wollt, aber ihr werdet besiegt werden wegen Immanuel«. Bis zur jungfräulichen Geburt des Messias verspricht Gott die Sicherheit und Identität des Hauses David zu erhalten.

70 n. Chr. wurde der Tempel in Jerusalem zerstört, und mit ihm gingen auch alle genealogischen Aufzeichnungen Israels verloren. Seit 70 n. Chr. ist es nicht mehr möglich gewesen, die Nachkommen des Hauses Davids zu identifizieren. Wenn die Verheißung, die in Jesaja 8,10 gegeben wird, wahr ist, dann folgt daraus, dass der Messias vor 70 n. Chr. geboren worden sein muss.

Jesaja 8,10 lehrt:
Der Messias muss vor der Zerstörung des Tempels 70 n. Chr. geboren werden.

[7] So z. B. leider auch die Revidierte Elberfelder Übersetzung. [Anm. d. Red.]

Jesaja 9,5–6 – Uns ist ein Sohn gegeben

> 5Denn uns ist ein Kind geboren, ein Sohn ist uns gegeben, und die Herrschaft ist auf seiner Schulter; er heißt Wunderbar, Rat, Held, Ewig-Vater, Friedefürst; 6auf dass seine Herrschaft groß werde und des Friedens kein Ende auf dem Stuhl Davids und in seinem Königreich, dass er's zurichte und stärke mit Gericht und Gerechtigkeit von nun an bis in Ewigkeit. Solches wird tun der Eifer des HERRN Zebaoth.

Die Kapitel 7 – 12 bei Jesaja umfassen den fünften, größeren Teil des Buches und bilden eine einzige Einheit, die manchmal als »Das Buch vom Immanuel« bezeichnet wird. Der Name »Immanuel« erscheint dreimal in diesem Abschnitt, nämlich in den Versen 7,14 und in Kapitel 8 Vers 8 und 10, aber die Einheit als ganze beschäftigt sich mit verschiedenen Aspekten des Messias. Die beiden Verse, die hier diskutiert werden, gehen vor allem auf den Ursprung des Messias ein, sowohl den menschlichen als auch den göttlichen.

Der menschliche Ursprung (Vers 6a)

Jesaja 9,6a betont das Menschsein des Messias (seine Messianität wird dabei in Vers 7 gezeigt). Jesaja sieht einen Sohn, der von Gott gegeben und in die menschliche Welt geboren wird, genauer noch in die jüdische Welt. Der Satz »Uns ist ein Sohn gegeben« betont im Alten Testament ein einzigartiges Geschenk Gottes. Das ist derselbe Sohn wie in Psalm 2, auf den später eingegangen wird.

Göttlicher Ursprung (Vers 6b)

In 9,6b werden dem Sohn vier Namen gegeben, von denen jeder zwei Teile hat. Jeder dieser Namen ist auf Gott anwendbar, wobei drei davon exklusiv nur Gott meinen können.

1. Wunderbarer Ratgeber (péle–jo-éz)

   In manchen Übersetzungen wird ein Komma zwischen diese beiden Worte gesetzt, so dass sie zu zwei getrennten Namen werden. Das Wort »wunderbar« (*péle*) steht im *Status*

Constructus und sollte deswegen mit Ratgeber zusammengenommen werden. Es gibt einige Worte im Hebräischen, die nur in Bezug auf Gott gebraucht werden und nie für Menschen. Ein Beispiel ist *bará*, was »erschaffen« bedeutet. Es wird nur von Gott und dem, was er tut, verwendet, niemals von dem, was der Mensch tut. Ein anderes Wort wie dieses ist *péle*, was im Englischen mit »wunderbar« wiedergegeben wird. Im Englischen kann »wunderbar« ganz frei für verschiedene Dinge benutzt werden, aber im Hebräischen ist es exklusiv für das reserviert, was göttlich ist.

2. Mächtiger Gott (el gibbór)

   Dieser Ausdruck wird offensichtlich nie für einen bloßen Menschen verwendet.

3. Vater der Ewigkeit (avi-ád)

   Wörtlich: Vater der Ewigkeit. Der Sohn, der geboren werden wird, wird der Vater der Ewigkeit sein, was bedeutet, dass er die Quelle ewigen Lebens ist. Von daher ist klar, dass er kein bloßer Mensch sein kann.

4. Friedefürst (ssar-schalóm)

   Dies ist der einzige der vier Namen, der sowohl für Menschen als auch für Gott verwendet werden kann.

Außerdem werden alle diese Namen auch noch anderswo im Buch Jesaja verwendet und beziehen sich in jedem Fall auf Gott, niemals auf Menschen:

1. Wunderbarer Ratgeber

   Dieser Ausdruck findet sich auch in Jesaja 25,1 »Ich will deinen Namen preisen, denn du hast wunderbare Dinge getan, (sogar) Ratschlüsse von alters her ...« und in Jesaja 28,29 »Auch dies geht aus von Jahwe der Heerscharen, der wunderbar im Ratschluss ist ...«. In beiden Fällen bezieht sich der Ausdruck klar auf Gott.

2. Mächtiger Gott

   Diese Bezeichnung findet sich schon im nächsten Kapitel, in Jesaja 10,21 »zum mächtigen Gott«. Es gibt viele liberale Theologen, die Einwände gegen diesen Begriff des

Messias als eines Gott-Menschen vorbringen. Wenn sie Verse wie Jesaja 9,6 übersetzen, sind sie gezwungen, in den Text einzugreifen, um ihre eigenen Vorannahmen zu rechtfertigen.

3. Vater der Ewigkeit

   Das kann mit Jesaja 63,16b verglichen werden »... du, Jahwe, bist unser Vater; unser Erlöser von Ewigkeit her ist dein Name.« (Luther) Dieselben Worte, die in Jesaja 9,6 verwendet werden, sind auch in diesem Satz zu sehen, wo sie eindeutig für Gott gebraucht werden.

4. Friedefürst

   Jesaja 26,3 sagt: »Bewährten Sinn wirst du in Frieden bewahren«. Das Objekt und Subjekt dieses Satzes ist Gott selbst. Auch in Jesaja 26,12 wird das Werk des Friedens wieder Gott zugeordnet: »Herr, du wirst uns Frieden geben ...«. Wie oben schon gesagt wurde, wird der vierte Name »der König des Friedens« im hebräischen Text manchmal auch für Menschen verwendet. Wenn wir unsere Aufmerksamkeit allerdings auf das Buch Jesaja beschränken, dann ist das Werk des Friedens allein Gottes Werk.

Die Herrschaft des Königs (Vers 7)

Jesaja 9,6 stellt uns ein Wesen vor, das sowohl Gott als auch Mensch ist. Jesaja 9,7 zeigt uns, dass diese Person der Messias Israels ist: Er wird auf dem Thron Davids sitzen. Vers 7 ist eine weitere Bestätigung des davidischen Bundes (der in 1. Chronik 7,10b-14 auf den Seiten 91–93 im Abschnitt über die Schriften studiert wird). Im davidischen Bund hat Gott vier Dinge verheißen:

- Ein ewiges Haus bzw. Dynastie
- Ein ewiges Königreich
- Einen ewigen Thron
- Einen ewigen Sohn

Jesaja 9,7 bestätigt außerdem, dass Davids Haus, Königreich und Thron ewig erhalten bleiben werden durch den ewigen Sohn.

Jesaja 9,6 lehrt:
Der Messias wird ein König sein.
Der Messias wird sowohl Gott als auch Mensch sein.
Der Messias muss vor 70 n. Chr. erscheinen wegen der Erfordernisse des davidischen Bundes und der Zerstörung des Tempels.

Jesaja 11,1–2 – Der Stumpf Isais

> 1Und es wird eine Rute aufgehen von dem Stamm Isais und ein Zweig aus seiner Wurzel Frucht bringen,
> 2auf welchem wird ruhen der Geist des HERRN, der Geist der Weisheit und des Verstandes, der Geist des Rates und der Stärke, der Geist der Erkenntnis und der Furcht des HERRN.

Die Betonung in Vers 1 liegt auf der niedrigen Herkunft des Messias. Es wird das Bild eines Baumes gegeben, der abgehauen worden ist und nur noch einen toten Stumpf übrig gelassen hat. Ein einzelner Spross bleibt, der tief, nahe am Boden wächst, bis er schließlich Frucht bringt. Es ist interessant, dass speziell diese Prophezeiung nicht den Namen Davids, sondern den von Jesse, seinem Vater, benutzt. David wird normalerweise mit Königtum, königlicher Familie und Reichtum in Verbindung gebracht. Es sollte dabei allerdings nicht vergessen werden, dass David in seiner Jugend, als er im Haus von Jesse lebte, ein armer Hirtenjunge war. Während der Lebenszeit Davids wurde das Haus von Jesse von der Armut in Bethlehem zu Ehre und Majestät in Jerusalem erhoben. Die Betonung in Vers 1 liegt darauf, dass, obwohl der Messias ein Nachkomme Davids sein wird, er doch nicht erscheinen wird, bevor nicht das Haus Davids wieder einmal reduziert werden wird zu dem, was es in den Tagen von Jesse war. Der Vers konzentriert sich auf die niedrige Herkunft des Messias zur Zeit seiner Geburt anstelle der Majestät seines Königreiches, die bei seiner Wiederkunft zu sehen sein wird. Vom Stumpf Jesses aus wächst also ein Spross, der zwar tief am Boden, aber nicht fruchtlos bleibt. Am Ende wird dieser Schössling selbst ein eigener Baum werden.

In Vers 2 wird uns erklärt, dass er die siebenfache Fülle des Heiligen Geistes haben wird. Die Beschreibung, die hier gebraucht wird, ist repräsentativ für die jüdische *Menorah*, den siebenarmigen Leuchter. Der »Geist des Herrn« wird einmal erwähnt, gefolgt von drei weiteren Bezugnahmen auf »den Geist von«, von denen jede von zwei Attributen gefolgt wird (siehe Abbildung).

Wenn wir im Leben Jesu nach der Erfüllung dieser Prophetie suchen, dann finden wir, dass

- Jesus ins Haus Davids geboren wurde;
- er in Bethlehem geboren wurde, der Heimat Jesses;
- er in großer Armut geboren wurde.

Das wird sichtbar zurzeit von Miriams (Marias) Reinigung. Das Gesetz forderte in 3. Mose 12,1 bis 8, dass die Mutter nach der Geburt eines Kindes zum Tempel gehen und zwei Opfer zu ihrer Reinigung darbringen sollte. Das hatte ein Blutopfer zu sein, und zwar gab es zwei verschiedene Opfergaben, die annehmbar waren. Normalerweise sollte das Opfer aus einem Lamm und einer jungen Taube oder Turteltaube bestehen, aber für den Fall, dass eine Familie außerordentlich arm war, war die Vorkehrung getroffen worden, dass auch zwei junge Tauben oder Turteltauben angenommen werden konnten. Im Evangelium des Lukas wird uns berichtet, dass Jesu Mutter sich nur zwei Vögel leisten konnte. Sowohl Maria als auch Josef waren Nachkommen Davids, und hierdurch wird die tiefste Armut des Hauses David klargemacht.

In Johannes 3,34 beschreibt Johannes der Täufer Jesus als den, der die Fülle des Geistes hat. »Denn er, den Gott gesandt hat, spricht die Worte Gottes; denn er gibt den Geist ohne Maß.« Das Neue Testament lehrt, dass alle, die an Jesus als den Messias glauben, ein Maß des Heiligen Geistes bekommen. Weil jeder Gläubige nur ein gewisses Maß des Heiligen Geistes hat, hat auch jeder verschiedene Gaben und Dienste (1Kor 12,13–14). Niemals hat jemand alle Gaben, denn Gott hat es den Gliedern der Gemeinde verordnet, gegenseitig voneinander abhängig zu sein. Jesus aber wurde der Geist ohne Maß gegeben. In der Schrift bedeutet die Zahl Sieben Vollkommenheit, Vollständigkeit oder Fülle. Die siebenfache Natur des Heiligen Geistes in Jesaja 11,2 ist daher synonym mit der Fülle in Johannes 3 Vers 34. Sie entspricht auch den »sieben Geistern« in Offenbarung 1,4 und 3,1 und in 4,5 und 5 Vers 6.

Jesaja 11,1.2 lehrt:
Der Messias wird ins Haus Davids geboren.
Der Messias wird nicht geboren, bevor das Haus David wieder zu dem Zustand der Armut zurückgekehrt ist, in dem es während der Tage von Davids Vater Jesse war. Der Messias wird in einem Haus der Niedrigkeit geboren.
Der Messias wird die siebenfache Fülle des Heiligen Geistes haben und demgemäß handeln.

Jesaja 40,3–5 – Der Herold des Königs

> [3]Es ist eine Stimme eines Predigers in der Wüste:
> Bereitet dem HERRN den Weg, macht auf dem Gefil-
> de eine ebene Bahn unserm Gott! [4]Alle Täler sollen
> erhöht werden und alle Berge und Hügel sollen er-
> niedrigt werden, und was ungleich ist, soll eben, und
> was höckerig ist, soll schlicht werden; [5]denn die Herr-
> lichkeit des HERRN soll offenbart werden, und alles
> Fleisch miteinander wird es sehen; denn des HERRN
> Mund hat es geredet.

Diese Verse beschäftigen sich nicht mit dem Messias persönlich, sondern mit seinem Vorläufer. Zur Zeit der Antike wurde jeweils ein Herold oder Vorläufer ausgesandt, um vor der Reise des Königs den Weg von Hindernissen zu befreien oder etwaige Löcher im Straßenbelag zu reparieren. Diese Passage stellt fest, dass ein Vorläufer der Ankunft des messianischen Königs vorangehen wird wie bei jedem anderen antiken König auch. Im Neuen Testament ist damit speziell Johannes den Täufer gemeint, dessen Worte im vorangegangenen Abschnitt zitiert worden sind.

> [1]Zu der Zeit kam Johannes der Täufer und predigte
> in der Wüste des jüdischen Landes [2]und sprach: Tut
> Buße, das Himmelreich ist nahe herbeigekommen!
> [3]Und er ist der, von dem der Prophet Jesaja gesagt
> hat und gesprochen: »Es ist eine Stimme eines Pre-
> digers in der Wüste: Bereitet dem HERRN den Weg
> und macht richtig seine Steige!« [4]Er aber, Johannes,
> hatte ein Kleid von Kamelhaaren und einen leder-
> nen Gürtel um seine Lenden; seine Speise aber war

Heuschrecken und wilder Honig. [5]Da ging zu ihm hinaus die Stadt Jerusalem und das ganze jüdische Land und alle Länder an dem Jordan [6]und ließen sich taufen von ihm im Jordan und bekannten ihre Sünden.

Matthäus 3,1–6

Vergleiche auch Markus 1,2–8; Lukas 1,5–80 (besonders Vers 76); Lukas 3,1–20 (besonders Verse 4–6) und Johannes 1,6–8.15–36 (besonders Vers 23).

Jesaja 40,3–5 lehrt:
Der Messias sollte einen Vorläufer oder Herold haben, der Vorbereitungen für seine Ankunft trifft.

Jesaja 42,1–6 – Der Diener Jahwes[8]

[1]Siehe, das ist mein Knecht, ich erhalte ihn, und mein Auserwählter, an welchem meine Seele Wohgefallen hat. Ich habe ihm meinen Geist gegeben; er wird das Recht unter die Heiden bringen. [2]Er wird nicht schreien noch rufen, und seine Stimme wird man nicht hören auf den Gassen. [3]Das zerstoßene Rohr wird er nicht zerbrechen, und den glimmenden Docht wird er nicht auslöschen. Er wird das Recht wahrhaftig halten lehren. [4]Er wird nicht matt werden noch verzagen, bis dass er auf Erden das Recht anrichte; und die Inseln werden auf sein Gesetz warten. [5]So spricht Gott, der HERR, der die Himmel schafft und ausbreitet, der die Erde macht und ihr Gewächs, der dem Volk, so darauf ist, den Odem gibt, und den Geist denen, die darauf gehen: [6]Ich, der HERR, habe dich gerufen in Gerechtigkeit und habe dich bei deiner Hand gefasst und habe dich behütet und habe dich zum Bund unter das Volk gegeben, zum Licht der Heiden.

[8] Die Abschnitte Jesaja 42,1–6; 49,1–13; 50,4–9 und 52,13 – 53,12 gehören zu den sogenannten *Ebed-Jahwe-Liedern*, auch als Gottesknechtslieder bekannt. [Anm. d. Red.]

Eine von Jesajas bevorzugten Bezeichnungen für den Messias ist der Ausdruck »Diener« [»Knecht«]. Dieser messianische Titel findet sich durchgehend in den Kapiteln 42 bis 66 im Buch Jesaja. Das hier ist die erste von fünf »Diener«-Passagen, die wir studieren werden. Jede der fünf Passagen betont einen anderen Aspekt der Person des Messias. Die unterschiedlichen Aussagen werden detailliert betrachtet.

Vers 1 macht vier Aussagen:

Sein Status (Vers 1)

Vers 1 macht vier Aussagen:

1. Er ist der Diener Jahwes.

   Das ist das Thema des Markusevangeliums. Jeder der vier Evangelien-Autoren hat für eine andere Zuhörerschaft geschrieben und unterschiedliche Aspekte des Lebens Jesu betont. Matthäus betont die Königlichkeit des Messias – Jesus, der König der Juden. Lukas, der Arzt, beschäftigt sich mit dem Menschsein Jesu – Jesus, der Messias, der Menschensohn. Johannes konzentriert sich auf die Göttlichkeit des Messias – Jesus, der Sohn Gottes. Markus sieht Jesus vor allem als den Diener Gottes. Er geht genauer auf diejenigen Aspekte des Lebens Jesu ein, die am besten die Art und Weise demonstrieren, auf die Jesus die ihm gestellten Aufgaben perfekt erfüllt hat, wie sie in den Propheten und besonders in den »Diener«-Stellen bei Jesaja beschrieben sind.

2. Er ist Jahwes Erwählter, an dem Jahwe große Freude haben wird.

3. Er ist mit dem Geist gesalbt.

   Das ist wieder eine Bestätigung von Jesaja 11 Vers 2.

4. Er wird den Heidennationen Gutes tun.

Obwohl der Messias vor allem für die jüdische Nation kommt, wird es auch einen Weg geben, auf dem die Heiden (die Nationen) ebenfalls davon profitieren werden. Das wird hier nicht erklärt, wird aber in Jesaja 49 Vers 6, unserer nächsten Passage, weiter entwickelt.

Die meisten Rabbiner, außer Raschi, sahen dies als messianisch an:

- Targum Pseudo-Jonathan: »Siehe mein Diener, der Messias, ich will ihn nahe ziehen, mein Erwählter, in dem mein *Memra*[9] sich freut.«

- Rabbi David Kimchi: »Siehe mein Diener ... Das ist König Messias.«

Seine Art (Vers 2)

Vers 2 beschreibt die Art und Weise, in der er sich benehmen wird. Der Messias wird kein Straßenprediger sein. Die Evangelien beschreiben Jesus als vorrangig in den Synagogen predigend. Er lehrte auch große Gruppen von Leuten auf den Hügeln, aber das waren Leute, die zu ihm kamen, die ihn suchten. Zu keiner Zeit hat Jesus absichtlich Aufmerksamkeit auf den Straßen der Städte gesucht, sondern vielmehr war es so, dass ihm sein Ruf vorauseilte und dass es Massen gab, die kamen und nach ihm suchten. Das soll nicht bedeuten, dass irgendetwas verkehrt daran wäre, auf der Straße zu predigen. Das Neue Testament ermutigt im Gegenteil sogar dazu und beschreibt, dass die Apostel das getan haben, aber es war nicht die Art, wie der Messias handelte.

Sein Charakter (Vers 3)

Vers 3 betont seine Charakterzüge. Er wird geprägt sein von Barmherzigkeit, Wahrheit und Gerechtigkeit. Diejenigen, die zu ihm kommen, um Hilfe zu finden, werden angenommen und mit großer Freundlichkeit behandelt werden.

---

[9] Mein *Memra* (Aram.) = mein Wort oder meine Person. [Anm. d. Red.]

Sein Erfolg (Vers 4)

Vers 4 lehrt, dass der Messias am Ende sein Ziel nicht verfehlen und nicht entmutigt werden wird. Es wird zwar Entmutigungen auf dem Weg geben, wie wir in der nächsten Passage sehen werden, aber sie werden nur zeitweilig sein. Alle Zielsetzungen für sein erstes Kommen werden erreicht werden.

Sein Auftrag (Vers 5 bis 6)

Die Verse 5–6 erklären, dass das Kommen des Messias für zwei Gruppen von Menschen zum Vorteil sein wird. Erstens wird der Messias der »Bund des Volkes«, also derjenige sein, der Gottes bundesmäßige Verheißungen an Israel erfüllt. Zweitens wird er das »Licht für die Nationen« sein, derjenige, der das Licht der Erlösung zu den Heiden bringt.

Jesaja 42,1–6 lehrt:
Der Messias wird vom Heiligen Geist gesalbt werden.
Der Messias wird sich in Sanftmut und Freundlichkeit verhalten.
Obwohl die Mission des Messias den Anschein haben würde, als ob sie mit einem Fehlschlag endete, sollte sie in Wirklichkeit doch ein völliger Erfolg sein (der Erfolg seiner Mission erforderte nämlich seinen Tod).
Die Mission des Messias schließt die Errettung der Heiden mit ein.

Jesaja 49,1–13 – Die Entmutigung des Dieners

> 1Höret mir zu, ihr Inseln, und ihr Völker in der Ferne,
> merket auf! Der HERR hat mich gerufen von Mut-
> terleib an; er hat meines Namens gedacht, da ich
> noch im Schoss der Mutter war, 2und hat meinen
> Mund gemacht wie ein scharfes Schwert; mit dem
> Schatten seiner Hand hat er mich bedeckt; er hat
> mich zum glatten Pfeil gemacht und mich in seinen
> Köcher gesteckt 3und spricht zu mir: Du bist mein
> Knecht Israel, durch welchen ich will gepriesen wer-
> den. 4Ich aber dachte, ich arbeitete vergeblich und

brächte meine Kraft umsonst und unnütz zu, wie-
wohl meine Sache des Herrn und mein Amt meines
Gottes ist. 5Und nun spricht der HERR, der mich von
Mutterleib an zu seinem Knechte bereitet hat, dass
ich soll Jakob zu ihm bekehren, auf dass Israel nicht
weggerafft werde (darum bin ich dem HERRN herr-
lich, und mein Gott ist meine Stärke), 6und spricht:
Es ist ein Geringes, dass du mein Knecht bist, die
Stämme Jakobs aufzurichten und die Bewahrten Is-
raels wiederzubringen; sondern ich habe dich auch
zum Licht der Heiden gemacht, dass du seist mein
Heil bis an der Welt Ende. 7So spricht der HERR, der
Erlöser Israels, sein Heiliger, zu der verachteten Seele,
zu dem Volk, das man verabscheut, zu dem Knecht,
der unter den Tyrannen ist: Könige sollen sehen und
aufstehen, und Fürsten sollen niederfallen um des
HERRN willen, der treu ist, um des Heiligen in Israel
willen, der dich erwählt hat. 8So spricht der HERR:
Ich habe dich erhört zur gnädigen Zeit und habe dir
am Tage des Heils geholfen und habe dich behütet
und zum Bund unter das Volk gestellt, dass du das
Land aufrichtest und die verstörten Erbe austeilest;
9zu sagen den Gefangenen: Geht heraus! und zu de-
nen in der Finsternis: Kommt hervor! Dass sie am
Wege weiden und auf allen Hügeln ihre Weide haben.
10Sie werden weder hungern noch dürsten, sie wird
keine Hitze noch Sonne stechen; denn ihr Erbarmer
wird sie führen und wird sie an die Wasserquellen
leiten. 11Ich will alle meine Berge zum Wege machen,
und meine Pfade sollen gebahnt sein. 12Siehe, diese
werden von ferne kommen, und siehe, jene von Mit-
ternacht und diese vom Meer, und jene vom Lande
Sinim. 13Jauchzet, ihr Himmel, freue dich, Erde, lo-
bet, ihr Berge, mit Jauchzen; denn der HERR hat sein
Volk getröstet und erbarmt sich seiner Elenden.

Dies ist die zweite der fünf »Diener«-Passagen in Jesaja. Die erste Passage, Kapitel 42 Vers 1 bis 6, hat den Diener vorgestellt. Dieser Abschnitt (Kapitel 49 Vers 1–13) sagt uns jetzt mehr über die Mission des Dieners und entfaltet die Verheißung in Jesaja 42, dass er einen Segen zu den Heiden bringen werde. Das wird aus seinem anfänglichen Abgelehntwerden von der Nation Israel folgen, obwohl die Versicherung gegeben wird, dass Israel ihn am Ende annimmt.

Die Entmutigung des Dieners (Vers 1 bis 4)

Die Verse 1–4 betonen eine zeitweilige Entmutigung im Leben des Messias. In Vers 1 werden die Worte des Messias selbst prophetisch von Jesaja gesprochen. Er sagt, dass er schon von seiner Empfängnis an eine spezifische Mission von Gott bekommen hat (im Neuen Testament, in Matthäus 1,21, wird uns berichtet, dass der Engel zur Zeit von Marias Empfängnis sagte »... du hast ihn Jesus zu nennen, denn er wird sein Volk retten von ihren Sünden«). Hier haben wir wieder eine Bezugnahme zu einer Mutter, aber nicht zu einem Vater, was wiederum mit der Prophezeiung der Jungfrauengeburt in Jesaja 7,14 übereinstimmt.

In Vers 2 ist der Messias speziell berufen und ausgerüstet worden für seine Aufgabe.

In Vers 3 wird der Diener Jahwes »Israel *par excellence*« genannt, weil er der einzige Jude ist, der vollständig und perfekt das mosaische Gesetz erfüllt.

Es ist in Vers 4, dass die Bemerkung über die Entmutigung kommt. Wie auch anderswo zu sehen ist, wird der Diener trotz seiner Vollkommenheit abgelehnt werden, und das ist es, was seine Traurigkeit hervorruft. Aber trotzdem hat er noch Hoffnung: »Meine Belohnung ist bei meinem Gott.« Vom neutestamentlichen Standpunkt aus ist der einzige Ort, an dem sich das erfüllt haben kann, der Garten von Gethsemane. In den Evangelien ist ein Grund für seine Entmutigung seine Angst, den geistlichen Tod zu erleben, und er betet, dass der Kelch von Gottes Zorn an ihm vorbeigehen möge (Mt 26,38.39 und Mk 14,34–36). Jesaja 49 betont aber auch noch einen zweiten Grund zur Entmutigung. Obwohl er für dreieinhalb Jahre am Volk Israel gedient hat, obwohl er als ihr Messias gekommen ist, lehnt ihn die jüdische Nation trotzdem ab.

Gottes Antwort (Vers 5 bis 6)

Der Herr antwortet mit Worten der Ermutigung in den Versen 5–6. Er beginnt in Vers 5, indem er den ursprünglichen Auftrag des Messias zusammenfasst:

1. Israel zu geistlicher Errettung zu bringen.
2. Das verstreute Israel zu physischer Wiederherstellung zu sammeln.

   Wenn aber gegeben ist, dass Israel den Diener abgelehnt hat, wie können diese Zielsetzungen erreicht werden? Der Herr fährt fort in Vers 6, indem er dem Diener ein drittes Ziel gibt:
3. Ein Licht für die Heidennationen zu sein und ihnen die Errettung zu bringen.

Israels Ablehnung des Messias bei seinem Ersten Kommen ist Teil von Gottes Plan. Das braucht keine Quelle der Entmutigung zu sein. Es war immer Gottes Plan, dass die ersten beiden Ziele für eine Zeitperiode beiseite gesetzt würden, damit die Erlösung zu den Heiden ausgehen könne. Schon in Jesaja 42,1 war bemerkt worden, dass die Heiden irgendwie vom Kommen des Messias profitieren würden – jetzt wird uns genau gesagt, wie.

Die Ablehnung und Erhöhung des Messias (Vers 7)

Vers 7a bestätigt, dass Israel den Messias ablehnen wird, aber Vers 7b fährt fort zu erklären, dass die Ablehnung nur für eine bestimmte Zeit sein und der Messias eines Tages angenommen werden wird.

Die Wiederherstellung durch den Messias (Vers 8 bis 13)

In Vers 8 wird, wenn die Mission des Messias bei den Heiden zu Ende ist, die abschließende Wiederherstellung Israels kommen. Der Rest der Passage bis Vers 13 geht näher auf diese schlussendliche Wiederherstellung ein. Der Messias wird der Bund für das Volk (Singular, gemeint ist Israel) werden und zeigen, dass sie ihn endlich akzeptiert haben. Mit Israels Annahme des Messias kommt die Versammlung der verstreuten Juden, in Vers 12 sogar von so weit weg wie Sinim. »Sinim« ist das moderne hebräische

Wort für »China«, aber es ist unsicher, ob das auch die Bedeutung im Alten Testament war. Das Wort beinhaltet auf jeden Fall etwas im Fernen Osten. Also werden, wenn es Juden im Fernen Osten gibt, auch diese wieder versammelt. Es ist interessant anzumerken, dass zu der Zeit, als Jesaja dies schrieb, das jüdische Volk noch nicht vom Land weg verstreut war und dass China, oder irgendwo im Fernen Osten, der allerletzte Ort gewesen wäre, um nach einem Juden zu suchen.

Zusammenfassung

Zur gegenwärtigen Zeit wird Jesus als Messias immer noch von Israel abgelehnt. Es wird oft gesagt, dass Jesus, wenn er wirklich der Messias gewesen wäre, von den jüdischen Führern seiner Zeit willkommen geheißen worden wäre. Diese Passage macht es aber klar, dass dies das genaue *Gegenteil* der Wahrheit ist. Jeder Mann, der von der jüdischen Führung als Messias bejubelt wurde, hat sich als falscher Messias erwiesen. Jesaja sagt spezifisch, dass der Messias – zunächst – abgelehnt werden wird. Die Ablehnung wird als eine der Beglaubigungen der Messianität festgestellt. Israels Ablehnung Jesu als Messias stärkt in Wirklichkeit seinen Anspruch darauf, der Messias zu sein.

Der Zweck der Ablehnung lag darin, dass Gott die Erlösung zu den Heiden bringen konnte. Für eine begrenzte Zeit sollte es mehr heidnische als jüdische Gläubige geben. Im Neuen Testament in Apostelgeschichte 15,14 heißt es, dass Gott »von den Heiden ein Volk für sich selbst nimmt«. In Römer 11,25–26 heißt es, dass das weitergehen wird, »bis die Vollzahl der Heiden hereingekommen ist. Und so soll ganz Israel gerettet werden ...« (Man beachte, dass diese Dinge von den jüdischen Führern der ersten jüdischen Kirche in Jerusalem geschrieben wurden).

Die gegenwärtige Zeit wird weitergehen, bis die Gemeinde zahlenmäßig vollständig ist, zu welchem Zeitpunkt dann die Entrückung eintreten wird. Gott wird sich dann mit Israel beschäftigen, und wie Paulus oben sagt, wird »ganz Israel gerettet werden«. Paulus baut auf dem auf, was in Jesaja 49,7 geschrieben steht. In der ersten Hälfte des Verses muss der Messias von Israel verachtet und verabscheut werden, ist aber zu späterer Ehre und Ruhm bestimmt, dazu, von Königen und Fürsten weltweit verehrt zu werden.

Jesaja 49,1–13 lehrt:
Das erste Kommen des Messias sollte von Israel abgelehnt werden.
Für eine gewisse Zeit wird die Botschaft von der Erlösung durch den Messias zu den Heiden ausgehen.
Am Ende wird Israel den Messias annehmen; Er wird ihr neuer Bund werden.
Israels Annahme des Messias wird die Wiederversammlung aller Juden ins Land Israel ankündigen.

Jesaja 50,4–9 – Die Ausbildung des Dieners

> 4Der Herr HERR hat mir eine gelehrte Zunge gegeben, dass ich wisse mit dem Müden zu rechter Zeit zu reden. Er weckt mich alle Morgen; er weckt mir das Ohr, dass ich höre wie ein Jünger.
> 5Der Herr HERR hat mir das Ohr geöffnet; und ich bin nicht ungehorsam und gehe nicht zurück.
> 6Ich hielt meinen Rücken dar denen, die mich schlugen, und meine Wangen denen, die mich rauften; mein Angesicht verbarg ich nicht vor Schmach und Speichel.
> 7Aber der Herr HERR hilft mir; darum werde ich nicht zu Schanden. Darum habe ich mein Angesicht dargeboten wie einen Kieselstein; denn ich weiß, dass ich nicht zu Schanden werde.
> 8Er ist nahe, der mich gerecht spricht; wer will mit mir hadern? Lasst uns zusammentreten; wer ist, der Recht zu mir hat? Der komme her zu mir!
> 9Siehe, der Herr HERR hilft mir; wer ist, der mich will verdammen? Siehe, sie werden allzumal wie ein Kleid veralten, Motten werden sie fressen.

Das Neue Testament gibt uns einen Bericht davon, wie der zwölfjährige Jesus den Tempel in Jerusalem zum ersten Mal besucht (Lk 2,41–50). Im Alter von 12 Jahren war Jesus bereits völlig vertraut mit den hebräischen Schriften und fähig, tiefe geistliche Dinge mit den leitenden Theologen seiner Zeit zu diskutieren. Außerdem antwortet er als seine Mutter ihn zurechtweist, weil er im Tempel geblieben war: »Hast du nicht gewusst, dass ich in meines Vaters Haus sein würde?« Diese eine Aussage zeigt, dass Jesus im Alter von zwölf Jahren bereits wusste, dass nicht Josef, sondern Gott sein Vater war. Deswegen verstand er, dass er der Messias Israels war.

Da es klar ist, dass Jesus in seinem Menschsein nicht allwissend war, wie hat er dann sein Wissen und seine Gelehrtheit erworben? Das Neue Testament erklärt das nicht. Es gibt einige Aspekte von Jesu Leben, die nur im Alten Testament offenbart werden – das hier ist einer davon.

Jesaja 50,4–9 gibt uns ein Bild des Lernprozesses, den Jesus durchlief.

Der Messias wird gelehrt (Vers 4)

Vers 4 beschreibt das Lernen oder Disziplinierwerden des Dieners. Während seiner Kindheit in Nazareth wurde Jesus jeden Morgen von seinem Vater in den frühen Morgenstunden aufgeweckt, um Unterweisung zu empfangen. So hat Jesus gelernt, wer er war, was seine Mission war und wie er demgemäß zu handeln und zu reagieren hatte.

Der Messias wird verschmäht (Vers 5 bis 6)

In Vers 5 wird uns gesagt, dass Jesus alles gelernt hatte, was von ihm gefordert wurde, dass er leiden und sterben musste. Zu der Zeit, als Jesu Dienst öffentlich wurde, war er nicht rebellisch und zog sich nicht zurück. Als die Zeit kam (Vers 6), hat er sich willig seinen Folterern überlassen. Die Misshandlungen, die hier beschrieben werden, finden sich auch vollständig in den Evangelien sowohl während seiner religiösen wie auch zivilrechtlichen Prozesse wieder.

> 22 Als er aber solches redete, gab der Diener einer, die dabeistanden, Jesus einen Backenstreich und sprach: Sollst du dem Hohepriester also antworten? 23 Jesus antwortete: Habe ich übel geredet, so beweise es, dass es böse sei; habe ich aber recht geredet, was schlägst du mich?
>
> Johannes 18,22.23

[63]Die Männer aber, die Jesus hielten, verspotteten ihn und schlugen ihn, [64]verdeckten ihn und schlugen ihn ins Angesicht und fragten ihn und sprachen: Weissage, wer ist's, der dich schlug? [65]Und viele andere Lästerungen sagten sie wider ihn.

Lukas 22,63–65

[65]Da fingen an etliche, ihn zu bespeien und zu verdecken sein Angesicht und ihn mit Fäusten zu schlagen und zu ihm zu sagen: Weissage uns! Und die Knechte schlugen ihn ins Angesicht.

Markus 14,65

[26]Da gab er ihnen Barabbas los; aber Jesus ließ er geißeln und überantwortete ihn, dass er gekreuzigt würde. [27]Da nahmen die Kriegsknechte des Landpflegers Jesus zu sich in das Richthaus und sammelten über ihn die ganze Schar [28]und zogen ihn aus und legten ihm einen Purpurmantel an [29]und flochten eine Dornenkrone und setzten sie auf sein Haupt und ein Rohr in seine rechte Hand und beugten die Knie vor ihm und verspotteten ihn und sprachen: Gegrüßt seist du, der Juden König! [30]und spien ihn an und nahmen das Rohr und schlugen damit sein Haupt. [31]Und da sie ihn verspottet hatten, zogen sie ihm seine Kleider an und führten ihn hin, dass sie ihn kreuzigten.

Matthäus 27,26–31

[16]Die Kriegsknechte aber führten ihn hinein in das Richthaus und riefen zusammen die ganze Schar [17]und zogen ihm einen Purpur an und flochten eine Dornenkrone und setzten sie ihm auf, [18]und fingen an, ihn zu grüßen: Gegrüßt seist du, der Juden König! [19]Und schlugen ihm das Haupt mit dem Rohr und bespien ihn und fielen auf die Knie und beteten ihn an. [20]Und da sie ihn verspottet hatten, zogen sie ihm den Purpur aus und zogen seine eigenen Kleider an und führten ihn aus, dass sie ihn kreuzigten.

Markus 15,16–20

Der HERR hilft dem Messias (Vers 7 bis 9)

In den Versen 7–9 ist Jesus fähig, die Leiden zu ertragen, die zu seinem Tod führten (obwohl sein Tod hier nicht ausdrücklich erwähnt wird), weil er weiß, dass durch das alles hindurch Gott bei ihm ist.

Jesaja 50,4–9 lehrt:
Der Messias sollte eine besondere Ausbildung von Gott, dem Vater empfangen.
Das erste Kommen des Messias sollte von Leiden charakterisiert sein.
Der Messias sollte dann gehorsam sein und sich dabei der physischen Misshandlung aussetzen.

Jesaja 52,13 – 53,12 – Das Leiden des Gottesknechtes

> 13Siehe, meinem Knecht wird's gelingen, er wird erhöht und sehr hoch erhaben sein. 14Wie viele sich über ihn entsetzten, weil seine Gestalt hässlicher war als die anderer Leute und sein Aussehen als das der Menschenkinder, 15so wird er viele Heiden besprengen, dass auch Könige werden ihren Mund vor ihm zuhalten. Denn denen nichts davon verkündet ist, die werden es nun sehen, und die nichts davon gehört haben, die werden es merken.
>
> 53 1Aber wer glaubt dem, was uns verkündet wurde, und wem ist der Arm des HERRN offenbart? 2Er schoss auf vor ihm wie ein Reis und wie eine Wurzel aus dürrem Erdreich. Er hatte keine Gestalt und Hoheit. Wir sahen ihn, aber da war keine Gestalt, die uns gefallen hätte. 3Er war der Allerverachtetste und Unwerteste, voller Schmerzen und Krankheit. Er war so verachtet, dass man das Angesicht vor ihm verbarg; darum haben wir ihn für nichts geachtet.
>
> 4Fürwahr, er trug unsere Krankheit und lud auf sich unsre Schmerzen. Wir aber hielten ihn für den, der geplagt und von Gott geschlagen und gemartert wäre. 5Aber er ist um unsrer Missetat willen verwun-

det und um unsrer Sünde willen zerschlagen. Die
Strafe liegt auf ihm, auf dass wir Frieden hätten, und
durch seine Wunden sind wir geheilt. [6]Wir gingen
alle in die Irre wie Schafe, ein jeder sah auf seinen
Weg. Aber der HERR warf unser aller Sünde auf ihn.

[7]Als er gemartert ward, litt er doch willig und
tat seinen Mund nicht auf wie ein Lamm, das zur
Schlachtbank geführt wird; und wie ein Schaf, das
verstummt vor seinem Scherer, tat er seinen Mund
nicht auf. [8]Er ist aus Angst und Gericht hinweg ge-
nommen. Wer aber kann sein Geschick ermessen?
Denn er ist aus dem Lande der Lebendigen wegge-
rissen, da er für die Missetat meines Volks geplagt
war. [9]Und man gab ihm sein Grab bei Gottlosen und
Übeltätern (Hebr.: bei Reichen), als er gestorben war,
wiewohl er niemand Unrecht getan hat und kein
Betrug in seinem Munde gewesen ist.

[10]So wollte ihn der HERR zerschlagen mit Krank-
heit. Wenn er sein Leben zum Schuldopfer gegeben
hat, wird er Nachkommen haben und in die Länge
leben, und des HERRN Plan wird durch seine Hand
gelingen. [11]Weil seine Seele sich abgemüht hat, wird
er das Licht schauen und die Fülle haben. Und durch
seine Erkenntnis wird er, mein Knecht, der Gerechte,
den Vielen Gerechtigkeit schaffen; denn er trägt ihre
Sünden. [12]Darum will ich ihm die Vielen zur Beute
geben, und er soll die Starken zum Raube haben,
dafür dass er sein Leben in den Tod gegeben hat
und den Übeltätern gleichgerechnet ist und er die
Sünde der Vielen getragen hat und für die Übeltäter
gebeten.

Die entscheidendste Passage im ganzen Buch Jesaja ist Kapitel 52 Vers 13 bis Kapitel 53 Vers 12. Dieser lange Abschnitt von Jesaja ist so klar in seiner Beschreibung des leidenden Messias, dass er enorme Probleme für die Lehrer des orthodoxen Judentums hervorgerufen hat. Es ist heute recht gängig, Rabbiner sagen zu hören, dass diese Passage nicht vom Messias spricht, sondern vom Volk Israel, das in einer heidnischen Welt leidet. Sie können sogar so weit gehen, dass dies schon immer der traditionelle

Standpunkt des Judentums gewesen sei. Aber an diesem Punkt sind sie gänzlich von der Unwissenheit ihrer Zuhörer abhängig. Alle antiken jüdischen Schriften – die *Mischna*, die *Gemara*, (der *Talmud*), die *Midraschim* und viele andere –, alle sehen diesen Teil der Schrift als auf die Person des Messias bezogen an. Der erste Rabbi, der etwas anderes vorschlug, war Raschi, und zwar etwa um 1050 n. Chr. Jeder Rabbi vor Raschi ohne Ausnahme hatte diesen Abschnitt als Beschreibung des Messias angesehen. Als Raschi seinen Vorschlag, dass dieser Text vom Volk Israel spreche, das erste Mal vorbrachte, löste er damit eine scharfe Debatte unter seinen Zeitgenossen aus. Der bekannteste von ihnen war Rambam (vielleicht besser bekannt als Maimonides). Rambam stellte sehr klar fest, dass Raschi sich völlig zu Unrecht gegen den traditionellen jüdischen Standpunkt stellte.

Als christliche Evangelisten in größerem Umfang diese Passage zu benutzen begannen, besonders vom frühen 19. Jahrhundert an, sah eine wachsende Anzahl von Rabbinern in Raschis Anschauung eine attraktive Art, der christlichen Lehre entgegenzutreten. Wenn man den Abschnitt durchliest, wird man merken, dass es darin einige Aussagen gibt, die unmöglich auf die Nation Israel bezogen werden können. Dieser Textabschnitt wird in den Synagogen nicht verlesen; die öffentliche Lesung von Jesaja springt von Jesaja 52 direkt zu Jesaja 54.

Vorher, in Jesaja 49, war nämlich ausgesagt worden, dass der Messias zunächst von Israel abgelehnt, schließlich aber in einem späteren Stadium angenommen werden würde. Diese Passage von Jesaja beschäftigt sich mit dem endgültigen Anerkanntwerden – das immer noch in der Zukunft liegt –, wenn die Führer Israels sich zu ihrem Versagen beim ersten Kommen des Messias bekennen und ihr nationales Schuldeingeständnis mit genau den genannten Worten machen werden.[10]

Die Beschreibung des Messias wird damit an dieser Stelle nicht im Sinne von etwas gegeben, was noch in der Zukunft liegt. Vielmehr handelt es sich um einen Rückblick auf das erste Kommen, vorgenommen von einem bestimmten Punkt der Zukunft aus, nämlich unmittelbar vor der Wiederkunft des Messias.

Der ganze Abschnitt lässt sich leicht in fünf Teile gliedern, von

[10] Siehe »Handbuch der biblischen Prophetie«, Schulte+Gerth, Asslar, S. 291.

denen jeder drei Verse hat. Die erste Zeile jedes Abschnitts dient dabei als Titel.

Siehe, mein Knecht wird erhöht werden (Kap. 52 Vers 13 bis 15)

In den Versen 13, 14 und 15 von Kapitel 52 finden wir eine Zusammenfassung des gesamten Kapitels 53; die Verse 1–12 von Kapitel 53 gehen dann näher auf diese drei Verse ein.

Was in Vers 13 betont wird, ist die Erhöhung des Messias, spricht von seiner Himmelfahrt und seinem Sitzen zur rechten Hand Gottes des Vaters. »Erhöhung« meint dabei Jesu Auferweckung, »aufgehoben« beschreibt seine Himmelfahrt und »sehr hoch« spricht von seinem Sitzen zur rechten Hand Gottes des Vaters. Indem auf den Messias als den Knecht Bezug genommen wird, verbindet Jesaja ihn mit den vorhergehenden Passagen über den Knecht Jahwes. In Kapitel 42 Vers 1 bis 6 hat Jesaja die Mission des Dieners beschrieben; in Kapitel 49 Vers 1 bis 13 wird erklärt, dass diese Mission von Schwierigkeiten begleitet wird; in Kapitel 50 Vers 4 bis 9 war zu sehen, wie der Knecht körperlich leidet, aber nicht stirbt, und es wurde kein Grund für sein Leiden angegeben. Jetzt aber, in 52,13 – 53,12, wird offenbart, dass seine körperlichen Leiden zu seinem Tod führen werden und dass der Grund für sein Leiden und seinen Tod genannt wird. *Zusammenfassung:* Der Diener wird weise handeln und seine Handlungen werden ihm eine Position der Ehre einbringen.

Vers 14 erklärt, dass der Messias vor seiner Erhöhung Demütigung erleiden muss. Sein Leib war so schwer verunstaltet worden, dass er nicht mehr länger menschlich aussah. Bei den Leiden Jesu ist das während des Geißelns geschehen. Die 40 Schläge wurden mit einer mehrbändigen Peitsche gegeben, wobei an jedem Band ein Nagel oder ein Stück Glas befestigt war. Dadurch wurde ihm das Fleisch buchstäblich von den Knochen gerissen, und zwar nicht nur vom Rücken, sondern auch darüber hinaus von allen Teilen des Körpers. Es gab viele, die nie gekreuzigt wurden, weil sie das Ausgepeitschtwerden am Anfang nicht überlebten. Am Ende seiner Geißelung – als Pilatus sagte: »Seht den Menschen«– war Jesus so entstellt, dass er kaum noch als Mensch zu erkennen war. *Zusammenfassung:* Der Knecht wird leiden und schrecklich entstellt werden.

Entgegen dem entsetzlichen Leiden von Vers 14 hält Vers 15 aber fest, dass der Messias schlussendlich zu Erfolg und Sieg vorherbestimmt ist. Diejenigen, die ihn verspottet haben, werden von ihm zum Schweigen gebracht werden. Ein Tag wird kommen, an dem sich ihre Münder schließen vor Staunen über ihn. *Zusammenfassung:* Das Leiden des Dieners wird am Ende das schweigende Staunen der Führer der Welt erringen, wenn sie beginnen, den Sinn seines Leidens zu verstehen.

Mit diesem Überblick geht Kapitel 53 jetzt genauer auf diese Punkte ein.

Wer hat unserer Botschaft geglaubt? (Kap. 53 Vers 1 bis 3)

Die Betonung in Vers 1 liegt auf dem Unglauben Israels. Sie haben der Botschaft nicht geglaubt, der Botschaft nämlich, dass Jesus der Messias ist. Jesaja nennt den Messias außer »der Knecht Jahwes« auch »den Arm Jahwes«, so wie hier. Früher, in Kapitel 40,10 hat Jesaja verkündigt, dass dieser Arm für Gott herrschen wird; in Kapitel 51 Vers 5 heißt es, dass die Heiden dem Arm vertrauen werden; Vers 9 desselben Kapitels erklärt, dass der Arm erlösen wird und Vers 10 stellt fest, dass er die Rettung bringen wird. Jetzt, in Kapitel 53 Vers 1, offenbart Jesaja die Identität des »Armes«: Er ist der Diener Jahwes, der Messias. *Zusammenfassung:* Israel drückt Überraschung aus über das, was gerade in 52,13–15 festgestellt worden war.

Einige Gründe für diesen Unglauben werden in Vers 2 gegeben. Es gab nichts bei seinem ersten Kommen, was ungewöhnlich aussah. Er wurde in einem gewöhnlichen – tatsächlich recht armen – Umfeld geboren. Das ist eine Bestätigung von Jesaja 11 Vers 1. Außerdem gab es nichts, was an seiner äußeren Erscheinung dazu gedient hätte, Menschen zu ihm zu ziehen. Diese Aussage protestiert gegen die Porträts und Darstellungen Jesu, die so oft zu sehen sind. Jesus war ein jüdischer Mann mit einem jüdischen Bart, dunklen Augen und wahrscheinlich nicht besonders groß. Gemäß diesem Vers sah er nicht besonders gut aus. *Zusammenfassung:* Israel bekennt, dass es dann, als der Messias bei ihm war, nichts an seiner äußeren Erscheinung festgestellt hat, das es zu ihm hingezogen hätte; seine Kindheit und Jugend waren nicht anders als die von anderen Menschen.

In Vers 3 wird uns gesagt, dass sein ganzes Leben von Ablehnung und Leiden gekennzeichnet war. Menschen haben sich von ihm abgewandt, und zu keiner Zeit wurde ihm der Respekt entgegengebracht, der einem König gebührt. *Zusammenfassung:* Im Gegenteil, er wurde verachtet und abgelehnt, und im Allgemeinen taten die Leute ihr Bestes, um ihm aus dem Weg zu gehen.

Fürwahr, er trug unsre Krankheit und lud auf sich unsre Schmerzen (Vers 4 bis 6)

Die Betonung in Vers 4 liegt auf dem stellvertretenden Charakter des Leidens des Messias. Zu der Zeit (Vers 4b) hat Israel das nicht verstanden, sondern stattdessen seine Leiden als Strafe Gottes angesehen. Er wurde als jemand angesehen, der für seine eigenen Sünden litt, nicht für diejenigen anderer. *Zusammenfassung:* Die Nation, die ihn, den Diener, vorher verachtete, erkennt nun, dass er stellvertretend gelitten hat. Sie dachten, dass er für seine eigenen Sünden leide, verstehen jetzt aber, dass er für ihre Sünden gelitten hat.

Aber dann, in Vers 5, erkennen sie, dass »er für *unsere* Übertretungen durchbohrt und für *unsere* Ungerechtigkeit zerbrochen wurde«, dass sein Tod tatsächlich stellvertretend geschah, so dass »durch *seine* Wunden *wir* geheilt sind«. *Zusammenfassung:* Die Nation bekennt, dass die stellvertretenden Leiden Versöhnung und geistliche Heilung brachten, denn Er war die Strafe für ihre Sünden.

Der Messias litt nicht für seine eigenen Sünden, sondern, wie es in Vers 6 heißt, »der Herr legte unser aller Schuld auf ihn«. Der Messias litt für die Sünden Israels. *Zusammenfassung:* Israel bekennt, dass sie es waren, die gesündigt haben und in die Irre gingen, und dass Gott die Ungerechtigkeit Israels auf den Diener legte, der deswegen gelitten hat.

Man beachte die Pronomen in dieser ganzen Passage: »Wir«, »unser« usw. Jesaja war nicht ein Heide, sondern ein Jude, der zu einer jüdischen Nation sprach. Die Pronomen bedeuten, dass Jesaja und die Juden eingeschlossen sind, sie können sich nicht auf Heiden beziehen. Außerdem kann man von keiner der Aussagen über diese Einzelperson behaupten, sie bezöge sich auf die Nation Israel. Jesaja spricht ganz klar von nur einer Person. Die Nation wird nur in den Fürwörtern mit eingeschlossen.

Als er gemartert wurde, tat er seinen Mund nicht auf (Vers 7 bis 9)

Gemäß Vers 7 bleibt der Messias während seiner Anfechtung stumm. Das stimmte bei Jesus sowohl bei seinen jüdischen als auch römischen Prozessen (Mt 26,63; 27,12–14; Luk 23,9). Er äußerte kein Wort zu den vielen Anklagen, die gegen ihn vorgebracht wurden. Das kann man kaum von Israel behaupten. Zum einen ist Israel nicht still geblieben in seinen Leiden; vielmehr hat es viele Bücher verfasst, in denen es seine Leiden beschreibt und die Verantwortlichen anklagt. Der moderne Staat Israel ist nicht stumm geblieben im Angesicht des arabischen Angriffs; er hat irakische Nuklear-Installationen und palästinensische Militärcamps bombardiert. Dieser Vers über Leiden und Stummbleiben kann nicht auf die Nation Israel angewandt werden, weder in der Vergangenheit noch in der Gegenwart. Aber er passt auf die Person des Messias. *Zusammenfassung:* Der Diener hat sich demütig dem Leiden und der ungerechten Behandlung unterworfen und hat nichts gesagt, weder zu seiner Verteidigung noch zu irgendeiner Beschwerde.

In Vers 8 unterzieht er sich einem Gerichtsprozess, in dem er zum Tode verurteilt wird. Dann wurde er »abgeschnitten«– legal exekutiert –, aber er hat diese Strafe des Gesetzes für »die Übertretung meines Volkes, dem der Schlag galt« erlitten. Er wurde für die Übertretungen des Volkes exekutiert. »Übertretung« ist ein Begriff für Sünde, der das Brechen des Gesetzes betont. Dieser eine, der der Messias ist, ist sicherlich zu unterscheiden von »meinem Volk«, womit Israel gemeint ist. Durch das ganze Alte und Neue Testament hindurch ist »mein Volk« immer eine Bezugnahme auf Israel. Der Messias wird wegen der Sünden Israels umgebracht. Hier wird zum ersten Mal in der Heiligen Schrift ausdrücklich festgestellt, dass der Messias sterben muss. Es hat zwar auch vorher schon viele Erwähnungen seines Leidens gegeben, aber es war niemals vorgebracht worden, dass er werde sterben müssen. Die Feststellung ist wichtig, dass die Prophetien über den Messias im Sinne einer fortschreitenden Offenbarung aufeinander aufbauen. *Zusammenfassung:* Nach einem Gerichtsprozess und dem Urteil wurde der Knecht exekutiert, und Israel begriff nicht, dass er für die Sünden des Volkes starb. Vers 9 spricht vom Begräbnis des Messias. Nachdem er als Krimineller exekutiert worden ist, würde man erwarten, dass er auch das Grab eines Verbrechers bekommen würde. Aber Gott schreitet ein und, obwohl er ungerecht und entehrend bei seiner Exekution behandelt wurde, wird er doch, wie es ihm gebührt, in eine ehrenvolle Grabstätte gelegt, in die Grabkammer eines reichen Mannes, nämlich Josefs von Arimathäa (Mt 27,57–60). Gott hat das so angeordnet, weil »da keine Verführung in seinem Munde war«, sein Tod war rein stellvertretender Natur. *Zusammenfassung:* Dem Diener wurde zwar das Grab eines Kriminellen zugewiesen, aber aus göttlicher Gerechtigkeit wurde er stattdessen in der Grabkammer eines reichen Mannes beigesetzt.

So wollte ihn der HERR zerschlagen (Vers 10 bis 12)

Beachten wir, wer in Vers 10 letztlich für den Tod des Messias verantwortlich ist. Das sind weder die Juden noch die Römer, sondern es ist Jahwe selbst. Gottes Wille war es, ihn zu zerschlagen, und Gott selbst war es, der »seine Seele zu einem Sündopfer machte«. Der Einzige, der dazu fähig ist und die Macht hat, der Welt Rettung zu bieten, ist Gott. Der Tod des Messias war weder zufällig noch der Macht der Umstände zuzuschreiben, sondern er war Teil von Gottes göttlichem Plan. Es ist ein biblisches Prinzip, dass es keine Vergebung für Sünden gibt, ohne dass dabei Blut vergossen wird. Als zeitlich begrenzte Maßnahme war ein System von Tieropfern eingerichtet worden, aber diese Opfer haben die Sünde nur bedeckt, sie haben sie nicht entfernt. Und sogar diese Bedeckung dauerte jeweils nur ein Jahr, bis zum nächsten *Jom Kippur*, dem nächsten Versöhnungstag. Aber der Messias sollte das endgültige Sündopfer sein, dasjenige Opfer nämlich, das die Sünde ein für allemal entfernt, und derjenige, der für dieses Opfer sorgt, ist Gott selbst. Gott ist derjenige, der letztlich verantwortlich ist für den Tod des Messias.

Und dann kommt eine merkwürdige Zeile. »Er wird Nachkommen sehen, er wird seine Tage verlängern ...« Wenn er umgebracht worden ist, wie kann er dann seine geistlichen Nachkommen sehen? Wenn er tot ist, wie können seine Tage verlängert werden? Der einzige Weg, auf dem diese Dinge geschehen können, ist durch die Auferstehung, die später beschrieben wird.

Nachdem uns zum ersten Mal gesagt worden ist, dass der

Messias sterben wird, bekommen wir auch sofort einen klaren Hinweis darauf, dass er wieder von den Toten auferweckt wird. Nach der Auferstehung wird der Messias den Erfolg seiner Mission sehen und deswegen wird »was dem Herrn gefällt, durch seine Hand gelingen«. *Zusammenfassung:* Gott hatte es gefallen zuzulassen, dass der Knecht litt und starb, weil dies das Mittel war, durch das Gott die Versöhnung für das Volk vollbrachte. Obwohl der Diener stirbt, wird er trotzdem seine Nachkommenschaft sehen, und seine Tage werden verlängert werden.

Auch in Vers 11 ist es wieder der Messias, der gestorben ist und fähig sein wird, das Resultat seiner Leiden zu sehen. Weil er selbst weiß, dass er der Messias ist, der für die Sünde starb, wird er dazu fähig sein, vielen die Rechtfertigung zu bringen. Während er für alle starb, galt sein Tod aber nur denen, die glauben. Für diejenigen, die glauben, »wird er ihre Ungerechtigkeiten tragen«. *Zusammenfassung:* Gott wird zufriedengestellt werden durch das Werk seines Dieners, denn er stirbt einen stellvertretenden Tod für sein Volk, und durch seinen Tod macht er viele gerecht, indem er ihre Ungerechtigkeit trägt.

In Vers 12 wird er endlich in sein Reich kommen, weil er »seine Seele ausgeschüttet hat in den Tod«. Er wurde als Sünder angesehen, ohne es aber zu sein, sondern er trug vielmehr die Sünde anderer und hat durch seinen Tod und seine Auferstehung Fürsprache für die Übertretungen anderer eingelegt. *Zusammenfassung:* Der Knecht wird am Ende mehr als alle anderen reich gesegnet werden, weil er um anderer willen gestorben ist, damit ihre Sünde trug und nun für sie Fürbitte tut.

Zusammenfassung von Jesaja 52 – 53

Nachdem wir diese Passage jetzt durchgegangen sind, sollte es völlig klar sein, dass diese Prophezeiung keinesfalls auf die Nation Israel angewendet werden kann. Israel ist nicht schweigend. Israel ist niemals legal vor Gericht gestellt und verurteilt worden. Israel als Nation ist nie durch eine legale Exekution gestorben.

Wie schon gesagt worden ist, haben alle antiken Rabbiner ohne Ausnahme die Anschauung vertreten, dass es sich hier um eine messianische Passage handelt. Es gibt natürlich einen scheinbaren Konflikt zwischen Stellen wie dieser, die den Messias als leidend beschreiben, und anderen, die von ihm sagen, dass er erobern, herrschen und in Jerusalem regieren wird.

Für die Gläubigen ist das leicht zu verstehen dadurch, dass der Messias zweimal kommt, einmal um zu leiden und ein zweites Mal, um sein Königreich aufzurichten und in Frieden von Jerusalem aus zu regieren. Die antiken Rabbiner haben das Problem auf andere Weise gelöst, nämlich indem sie das Konzept von den zwei Messiassen aufgestellt haben. Sie haben gelehrt, dass der erste Messias, den sie »Messias, der Sohn Josefs« genannt haben, der in Ägypten gelitten hatte, kommen und in Erfüllung der Diener-Passagen sterben würde (als eine davon führten sie Jesaja 53 auf). Der zweite Messias, »Messias, der Sohn Davids«, sollte dann anschließend kommen und den ersten Messias wieder zum Leben erwecken. Dann sollte er sein Königreich aufrichten, um zu herrschen. Sie haben die Lehre vom Tod und der Auferstehung klar anerkannt, die in den messianischen Prophezeiungen liegt, haben aber bei der korrekten Interpretation versagt, dass der Messias ein erstes Mal kommen musste, um für unsere Sünden zu sterben und dann ein zweites Mal kommen wird, um in Jerusalem zu herrschen.

In zehn Punkten lässt sich zusammenfassen, warum sich dieser Abschnitt auf den Messias und nicht auf Israel beziehen muss:

1. Das war schon die Ansicht aller antiken Rabbiner (siehe Anhang 2).

2. Charakteristische Pronomen wie »wir«, »uns«, »unser« müssen sich auf Jesaja und seine jüdischen Zuhörer beziehen, während »er«, »ihn«, »sein« dem Messias gilt.

3. Durch den ganzen Abschnitt hindurch wird der Knecht als Einzelperson und nicht als Nation dargestellt; es gibt keine Allegorien oder Personifizierungen des Dieners als Israel.

4. In Vers 9 ist das Leiden des Dieners freiwillig, absichtlich und schweigend, was niemals für Israel zugetroffen hat.

5. In Vers 8 stirbt der Knecht für »mein Volk«, und da Jesajas Volk eben die Juden waren, wird damit klar unterschieden zwischen dem Diener und Israel.

6. Der Diener ist ein unschuldig Leidender (Verse 4–6 und 8–9), aber Israel leidet immer für seine eigenen Sünden, wie Jesaja in Kapitel 1 Vers 4 bis 8 festgestellt hat.

7. Der Knecht stirbt einen stellvertretenden Tod als Ersatz für uns (Verse 4–6.8.10.12), während Israel nicht stellvertretend für die Heiden leidet, sondern wegen der Heiden.

8. Die Leiden des Dieners bringen Rechtfertigung und geistliche Heilung für die, die sie annehmen (Verse 5b,11b), aber Israel hat das nicht für die Heiden getan.

9. Der Diener stirbt (Verse 8,12), aber das Volk Israel überlebt immer.

10. Der Knecht wird wieder auferweckt (Verse 10–11), aber, da das Volk Israel niemals gestorben ist, besteht für es auch kein Bedarf einer Auferstehung.

Jesaja 52,13 – 53,12 lehrt:
Der Messias wurde in einem gewöhnlichen Umfeld geboren, das keine unüblichen Züge aufwies.

Das erste Kommen des Messias wird von Leiden charakterisiert werden.

Der Messias wird bei seinem ersten Kommen abgelehnt werden.

Der Messias wird einem legalen Gerichtsprozess unterzogen und zum Tode verurteilt werden.

Der Messias wird exekutiert werden.

Der Messias wird in der Grabkammer eines reichen Mannes beigesetzt werden.

Der Messias wird auferweckt werden.

All die Leiden des Messias und sein Tod werden stellvertretend sein. Er starb, damit wir Leben haben können. Er starb, damit unsere Sünden von uns weggenommen werden können. Er starb, damit wir in eine neue Beziehung mit Gott eintreten können.

Der Messias wird all denen Rechtfertigung bringen, die an ihn glauben.

Jesaja 61,1–3 – Die Mission des Dieners

> 1Der Geist Gottes des HERRN ist auf mir, weil der
> HERR mich gesalbt hat. Er hat mich gesandt, den
> Elenden gute Botschaft zu bringen, die zerbrochenen
> Herzen zu verbinden, zu verkündigen den Gefange-
> nen die Freiheit, den Gebundenen, dass sie frei und
> ledig sein sollen; 2zu verkündigen ein gnädiges Jahr
> des HERRN und einen Tag der Vergeltung unseres
> Gottes, zu trösten alle Trauerden, 3zu schaffen den
> Trauernden zu Zion, dass ihnen Schmuck statt Asche,
> Freudenöl statt Trauerkleid, Lobgesang statt eines be-
> trübten Geistes gegeben werden, dass sie genannt
> werden « Bäume der Gerechtigkeit», « Pflanzung des
> HERRN», ihm zum Preise.

Diese Prophezeiung fällt in die dritte Kategorie von messianischen Prophetien, die in der Einleitung erwähnt worden sind, nämlich diejenige solcher, die kombinierte Verweise auf erstes und zweites Kommen enthalten, ohne dabei einen klaren Hinweis auf den Zeitsprung zwischen beiden zu geben. Verse 1 und 2a beschäftigen sich mit dem ersten Kommen, Verse 2b und 3 mit dem zweiten Kommen. Das wird ganz klar anhand von Jesu Lesung dieser Passage, die im Lukasevangelium beschrieben wird:

> 16Und er kam nach Nazareth, wo er erzogen worden
> war; und er ging nach seiner Gewohnheit am Sabbat-
> tag in die Synagoge und stand auf, um vorzulesen.
> 17Und es wurde ihm das Buch des Propheten Jesaja
> gereicht; und als er das Buch aufgerollt hatte, fand
> er die Stelle, wo geschrieben war: 18»Der Geist des
> Herrn ist auf mir, weil er mich gesalbt hat, Armen
> gute Botschaft zu verkündigen; er hat mich gesandt,
> Gefangenen Freiheit auszurufen und Blinden, dass
> sie wieder sehen, Zerschlagene in Freiheit hinzusen-
> den, 19auszurufen ein angenehmes Jahr des Herrn.«
> 20Und als er das Buch zugerollt hatte, gab er es dem
> Diener zurück und setzte sich; und aller Augen in
> der Synagoge waren auf ihn gerichtet. 21Er fing aber

an, zu ihnen zu sagen: Heute ist diese Schrift vor euren Ohren erfüllt.

Lukas 4,16–21

Jesus las die Verse 1 und 2a und stoppte dann – diese Worte waren jetzt erfüllt worden, aber die Erfüllung des Restes des Abschnitts wartet immer noch auf seine Wiederkehr.

Das erste Kommen (Vers 1 bis 2a)

Vers 1 bestätigt nochmals Jesaja 11,2 und 42 Vers 1. Der Messias wird mit dem Heiligen Geist gesalbt werden für seine Mission und seine Aufgabe. Diese Salbung fand im Leben Jesu bei seiner Taufe statt (Mt 3,16). Es geschah an diesem Punkt, dass er seinen öffentlichen Dienst begann und offen beanspruchte, der Messias zu sein. Für sein erstes Kommen ist dem Messias prophezeit, vier Dinge zu tun:

1. Die Gute Nachricht (oder »das Evangelium«) den Menschen zu predigen.

2. Den Gefangenen Freiheit zu verkündigen.

   Im jüdischen Kontext waren die Nation Israel und die Juden im Besonderen unter das mosaische Gesetz versklavt, weil sie unfähig waren, es zu halten. Jeder, der eine Sünde begeht, wird zum Sklaven der Sünde. Da kein Jude dazu fähig war, alle 613 Gebote vollkommen einzuhalten, waren sie versklavt unter den Fluch des Gesetzes. Jesus kam, um Freiheit und Befreiung vom Gesetz zu predigen durch den Glauben an ihn.

3. Um denen, die gebunden sind, das Gefängnis zu öffnen.

   Das wird im Neuen Testament im Brief an die Hebräer in Kapitel 2,14–16 näher erklärt. Wegen Israels Versagen unter dem Gesetz waren sie durch eine satanische Furcht vor dem Tod gebunden. Ein Teil von Jesu Mission bei seinem ersten Kommen besteht darin, die Schlüssel des Todes und des Hades von Satan wegzunehmen, so dass derjenige, der an Jesus glaubt, Jude oder Heide, keine Angst mehr vor dem Tod haben und von dieser Furcht nicht mehr gefangen sein muss.

4. Um das angenehme Jahr der Gnade Jahwes zu verkündigen.

   Oder, wie man es auch ausdrücken könnte, »die angenehme Periode der Gunst der Gnade«. Mit dem Tod des Messias ist das Zeitalter des Gesetzes zu Ende gebracht worden und das Zeitalter der Gnade hat begonnen. Unter der Gnade Gottes kommt unsere Rettung einzig und allein daher, dass wir akzeptieren, dass der Messias um unsertwillen starb und wieder auferstand. Das ist eine persönliche Entscheidung, die an einem Punkt im Leben einer Person getroffen werden muss. Niemand kann im neutestamentlichen Sinn des Begriffs »als Christ geboren werden».

Das zweite Kommen (Vers 2b bis 3)

Dieser Aspekt liegt außerhalb der Spannbreite dieser Studie.[11]

Jesaja 61,1–2a lehrt:
Der Messias wird vom Heiligen Geist für seine Mission gesalbt werden.
Der Messias wird einen prophetisch predigenden Dienst haben.

Jeremia 23,5–6 – Der Messias als König

> 5Siehe, Tage kommen, spricht der HERR, da werde ich dem David einen gerechten Spross erwecken. Der wird als König regieren und verständig handeln und Recht und Gerechtigkeit im Land üben. 6In seinen Tagen wird Juda gerettet werden und Israel in Sicherheit wohnen. Und dies wird sein Name sein, mit dem man ihn nennen wird: Der HERR unsere Gerechtigkeit.

Diese Verse befassen sich vor allem mit dem zweiten Kommen des Messias, aber sie enthalten einen Aspekt, welcher auch auf das erste Kommen hindeutet. Vers 5 spricht von einem Mann, der ein Sohn Davids sein wird, der regieren und als König herrschen

[11] Siehe »Handbuch der biblischen Prophetie», Seite 298ff.

wird. Die Königsherrschaft des Messias ist erst im Kommen, aber dieser Vers spricht klar vom Messias als von einem Nachkommen Davids und hebt sein Menschsein hervor. In Vers 6 dagegen wird diesem Mann ein Name gegeben, der Gott allein zusteht: Jahwe. In modernen Übersetzungen steht meistens HERR, wenn im Hebräischen die vier Buchstaben JHWH stehen, die man Jahwe liest (Hebräisch: von rechts nach links sind es die Buchstaben jod, he, waw, he). In allen hebräischen Schriften [das AT] wird der göttliche Name JHWH nur für Gott allein verwendet, und doch wird dem Mann, von dem Vers 5 spricht, in Vers 6 eindeutig der Name Gottes von Gott selbst gegeben. Diese Tatsache stellt uns wieder vor die klare Auffassung vom Messias als Gott-Mensch.

Eines der Argumente des rabbinischen Judentums, um diese Lehre zu widerlegen, ist, dass es durch die Bibel hindurch Beispiele von Namen gibt, welche den Namen Gottes enthalten. So bedeutet zum Beispiel der Name Jeremia »Jahwe wird gründen« oder »Jahwe wird stürzen«. Ein weiteres Beispiel ist der Name Jesaja: »Jahwe ist Rettung«. Und so gibt es viele andere Namen, welche »Jahwe« enthalten. Wir müssen uns jedoch bewusst werden, dass in keinem dieser Fälle alle vier Buchstaben JHWH gefunden werden können. Normalerweise werden nur zwei Buchstaben gebraucht, manchmal drei, aber nirgends alle vier für den Namen Gottes, wo er in Beziehung zu einem menschlichen Wesen steht. Trotzdem spricht Jeremia 23,5 klar von einem Mann, einem menschlichen Nachkommen des Königs David, und in 23,6 ist ihm ein Name gegeben, welcher einzig und allein der Name für Gott ist.

Dies ist etwas, das in der Tat nicht von den alten Rabbinern diskutiert wurde, welche diesen Schriftabschnitt immer als messianisch betrachtet haben. Es ist erst später geschehen, dass Rabbiner versuchten, auf andere Weise zu argumentieren. Vier Zitate aus rabbinischen Schriften können hier genannt werden.

Im Midrasch zu Sprüche 19,21 (etwa 200–500 n. Chr.) steht: »Rabbi Huna sagt: ›Acht Namen werden dem Messias gegeben. Sie heißen Jinnon, Schilo, David, Menachem, JHWH, unsere Gerechtigkeit, Zemach, Elias.‹ «

Der fünfte der erwähnten Namen ist Jahwe, der Name Gottes, und dieser basiert auf den Worten aus Jeremia 23 Vers 6. Der siebente Name ist Zemach (oder Zweig), und er basiert auf Jeremia 23 Vers 5.

Im Midrasch zu Klagelieder 1,16 steht: »Welches ist der Name des Messias? Raw Abba ben Kahana sagt: ›JHWH ist sein Name‹, und das wird nachgewiesen durch das ›dies wird sein Name sein‹ aus Jeremia 23 Vers 6.«

Im Talmud (Bawá Batrá 75b) steht: »Schmuel ben Nachman sagt im Namen des Rabbi Jochanan: ›Drei werden nach dem Namen des Heiligen, gebenedeit sei er, benannt, und zwar: die Frommen, der Messias ... denn es heißt: Und dies wird sein Name sein, mit dem man ihn benennen wird: Der HERR unsere Gerechtigkeit (Jer 23,6)‹ «[12]

Im Midrasch zu Psalm 21,1 steht: »Gott nennt den Messiaskönig mit seinem eigenen Namen, aber wie lautet sein Name? Die Antwort lautet: ›JHWH ist ein Kriegsmann‹, und betreffs des Messias lesen wir: ›JHWH unsere Gerechtigkeit, das ist sein Name‹.«

So kann festgestellt werden, dass sich in alten rabbinischen Schriften und selbst im Talmud Jeremia 23,6 auf den Messias bezieht, und dass diesem Messias der Name Jahwe gegeben worden ist.

Jeremia 23,5–6 lehrt:
Der Messias wird Gott-Mensch sein.
Der Messias wird Jahwe selber sein; Jahwe sollte Mensch werden.
Der Messias soll ein Nachkomme Davids und deswegen ein König sein. Jeremia bestätigt den Bund Gottes mit dem Geschlecht Davids (vgl. die Erörterungen zu 1Chr 17,10b-14 auf den Seiten 91–93).

Micha 5,1 – Bethlehem Efrata

> Und du, Bethlehem Efrata, das du klein unter den Tausendschaften von Juda bist, aus dir wird mir (der) hervorgehen, der Herrscher über Israel sein soll; und seine Ursprünge sind von der Urzeit, von den Tagen der Ewigkeit her.

Dieser Vers ist eine Ergänzung zu Jesaja 7 Vers 14. Es hat sich schon gezeigt, dass sehr viele Schriftstellen sowohl auf die gött-

[12] Vgl. Lazarus Goldschmidt (Hrsg.), Der Babylonische Talmud, Bd. VI, Seite 1 142, Leipzig: Otto Harrassowitz, 1906.

liche als auch auf die menschliche Natur des Messias hinweisen. Das wird bereits in 1. Mose 3 und 4 deutlich und geht weiter bis zur Prophetie Michas. Micha war ein Zeitgenosse Jesajas. Er prophezeite zur selben Zeit wie Jesaja, aber in einer anderen Gegend Judäas. In Jesaja 7,14 lesen wir, dass der Messias von einer Jungfrau geboren werden soll. Hier in Micha 5,1 lesen wir, wo diese Geburt sein wird. Der Messias soll nicht in Jerusalem geboren werden, wie man es eigentlich erwarten könnte, sondern in Bethlehem. Das wird vielleicht in Jesaja 11,1 angedeutet, aber hier wird es deutlich gesagt. Es ist von Bethlehem Efrata die Rede, das damit unterschieden wird von einem anderen Bethlehem in Galiläa. Bethlehem Efrata ist das Bethlehem Davids und Judas und liegt südlich von Jerusalem.

Von dem, der geboren werden soll, wird gesagt, dass er »mir hervorgeht«. Er wird geboren, um einen besonderen Auftrag zu erfüllen, eine spezifische Absicht Gottes. Was seinen menschlichen Ursprung betrifft, so wird von ihm gesagt, dass er in Bethlehem geboren wird, aber was seinen göttlichen Ursprung angeht, so ist er »von der Urzeit«, »von den Tagen der Ewigkeit her«. Die hebräischen Wörter für »von der Urzeit, von den Tagen der Ewigkeit her« sind Wörter, mit denen man die vergangene Ewigkeit ausdrücken kann. Sie werden in Bezug auf Gott, den Vater, z. B. in Psalm 90,2 gebraucht. Was also auf Gott, den Vater, zutrifft, das trifft nach dieser Aussage auch auf den zu, der in Bethlehem geboren werden soll. Diese Wörter werden auch in Sprüche 8,22.23 benutzt, wo die Stimme der Weisheit spricht.

Wir haben also wieder eine Textstelle vor uns, die zeigt, dass der Messias Mensch sein muss – geboren zu einem bestimmten Zeitpunkt an einem bestimmten Ort –, dass er aber doch seit Ewigkeiten existiert und daher göttlich sein muss.

Micha 5,1 lehrt:

Der Messias muss in Bethlehem, der Stadt Davids, geboren werden.

Der Messias muss sowohl göttlich als auch menschlich sein, weil er von Ewigkeit her existiert.

Sacharja 9,9–10 – Er reitet auf einem Esel

> 9Juble laut, Tochter Zion, jauchze, Tochter Jerusalem!
> Siehe, dein König kommt zu dir: Gerecht und ein
> Retter ist er, demütig und auf einem Esel reitend,
> und zwar auf einem Fohlen, einem Jungen der Eselin.
> 10Und ich rotte die Streitwagen aus Ephraim und die
> Pferde aus Jerusalem aus, und der Kriegsbogen wird
> ausgerottet. Und er verkündet Frieden den Nationen.
> Und seine Herrschaft (reicht) von Meer zu Meer und
> vom Strom bis an die Enden der Erde.

Die dritte Kategorie messianischer Prophetie ist – wie in der Einleitung erwähnt – die Art, bei der Prophetien über das erste und das zweite Kommen des Messias ohne erkennbare Trennung zusammengefasst werden. Sacharja 9,9–10 ist ein Beispiel dafür. Vers 9 bezieht sich auf das erste Kommen und Vers 10 auf das zweite. Das kann man von anderen Texten der Schrift her erschließen, es wird aber aus dem Text selbst nicht ersichtlich.

Das erste Kommen

Der Hintergrund für diese Verse ist eine Invasion Israels durch einen ausländischen König, die in den Versen 1–8 prophezeit wird. Diese Verse wurden durch Alexander den Großen erfüllt. Aber in Vers 9 finden wir als Kontrast zu diesem einfallenden Heidenkönig eine Bezugnahme auf einen zukünftigen jüdischen König. Israel wird gesagt, es solle jauchzen, weil »dein König«, also Israels König, kommt, nicht »gegen dich«, sondern »zu dir«. Jerusalem soll laut jubeln, denn dieser König wird im Gegensatz zu Alexander sein:

1. gerecht

   Sein Kennzeichen ist Gerechtigkeit; dies wird auch in Jeremia 23,5–6 betont. Dagegen starb Alexander der Große sinnlos betrunken.

2. ein Retter

   Im Gegensatz dazu steht Alexander, der kam um zu erobern.

3. niedrig und demütig

   Niedrig hat hier den Sinn, dass er durch Bedrückung erniedrigt wurde. Der Messias wurde in der Tat niedergedrückt. Alexander kam jedoch mit Prunk und Macht.

Weiterhin wird dieser König im Gegensatz zu Alexander dem Großen, der auf seinem weißen Ross daherkam, auf einem Esel reiten. Genauer gesagt, er soll auf dem Füllen eines Esels reiten – einem Tier, das noch nicht zugeritten war, auf dem noch niemand vorher geritten war.

Die Erfüllung dieser Prophetie finden wir in den Evangelien des Neuen Testamentes beim triumphalen Einzug Jesu in Jerusalem zu Beginn der letzten Woche seines Lebens (Mt 21,1–11). Dies kennzeichnete sein offizielles Auftreten als messianischer König. Jesus beauftragt seine Jünger, nach Bethphage zu gehen und ein Füllen zu finden, das noch nie zuvor geritten wurde. Den Aspekt des Wunders darf man dabei nicht übersehen. Normalerweise hätte das Tier bocken müssen, als Jesus es bestieg; aber statt ihn abzuwerfen, fügte es sich ihm.

Das zweite Kommen

Vers 10 befasst sich mit den Ereignissen des zweiten Kommens, bei dem alle Kriegswaffen aus dem Land entfernt werden. Aber das liegt nicht im Bereich dieser Studie.

Die rabbinische Sicht

Hier sehen wir sehr deutlich die beiden Linien messianischer Prophetie Seite an Seite in der gleichen Textstelle. Zuerst wird der Messias beschrieben als niedrig und unterdrückt, aber dann, gleich im nächsten Satz, wird er als König gesehen, dessen Herrschaft sich bis an die Enden der ganzen Erde erstreckt. Wenn die Rabbinen in alter Zeit diese beiden sich »widersprechenden« Prophetien betrachteten, versöhnten sie diese miteinander, indem sie sagten, dass es zwei verschiedene Messiasse geben werde. Zuerst würde der Messias kommen, den sie den Sohn Josephs nannten, um die Textstellen zu erfüllen, die vom Leiden sprechen. Dann würde ihm der Messias, der Sohn Davids folgen, der siegende Messias.

Dass die Rabbinen diese Stelle für messianisch hielten, sehen wir aus dem Talmud in Sanhedrin 98b-99a: »Rabbi Hillel sagte: ›Israel kann keinen Messias erwarten, denn sie haben sich seiner bereits in den Tagen Hiskias erfreut.‹ Die Entgegnung: ›Wann lebte Hiskia? War es nicht in der Zeit des ersten Tempels? Aber Sacharja prophezeite in der Zeit des zweiten Tempels und sagte ... [Zitat Sach. 9,9].‹ «

Genauso stellt Pessiqta (Piska 53) fest: »Das betrifft den Messias. Er wird *aní* [niedrig] genannt, weil er diese ganzen Jahre im Gefängnis unterdrückt wurde, und die Sünder in Israel verleugneten ihn ... Aber die Verdienste des Messias, des Heiligen, gelobt sei er, werden dich bewahren und erlösen.«

Des Weiteren sagt der Talmud in Sanhedrin 98a: »Rabbi Jehoschua ben Levi nimmt daran Anstoß, dass an einer Stelle geschrieben steht: ›Siehe, jemand wie ein Menschensohn kommt mit den Wolken des Himmels‹, aber dass an einer anderen Stelle geschrieben steht: ›... niedrig und auf einem Esel reitend‹. Die Lösung ist folgende: Wenn sie gerecht sind, dann kommt er mit den Wolken des Himmels, sind sie aber nicht gerecht, dann wird er niedrig kommen, auf einem Esel reitend.«

Das ist eine alternative rabbinische Interpretation, um die beiden Linien messianischer Prophetie zu erklären. Sie besagt, dass entweder die eine Linie der Prophetie erfüllt wird oder die andere, aber nicht beide. Wenn Israel gerecht ist, wird der Messias auf den Wolken reitend kommen, aber wenn es sündig ist, dann wird er kommen und auf einem Esel reiten.

Die Schrift verlangt jedoch ganz klar die Erfüllung beider Typen der Prophetie. Die Sicht des Neuen Testamentes ist viel einfacher als die beiden oben wiedergegebenen rabbinischen Ansichten. Es lehrt, dass es einen einzigen Messias gibt, aber dass er zweimal kommt: zuerst um zu sterben, und dann ein zweites Mal, um zu herrschen. Auf diese Weise erfüllt er alle prophetischen Äußerungen über ihn.

Sacharja 9,9–10 lehrt:

Das erste Kommen des Messias wird gekennzeichnet sein durch Niedrigkeit.

Die offizielle Präsentation als messianischer König wird dann sein, wenn er durch Jerusalem reitet, und zwar auf einem Eselsfüllen.

Sacharja 11,1–17 – Die beiden Hirten

1 Tu auf, Libanon, deine Tore, dass Feuer deine Ze-
dern fresse! 2 Heule, Wacholder, weil die Zeder ge-
fallen ist, weil die Herrlichen verwüstet sind! Heult,
Eichen Baschans, weil der unzugängliche Wald da-
hingesunken ist! 3 Horch, das Geheul der Hirten, weil
ihre Herrlichkeit verwüstet ist! Horch, das Gebrüll
der Junglöwen, denn die Pracht des Jordan ist ver-
wüstet! 4 So sprach der HERR, mein Gott: Weide die
Schlachtschafe, 5 deren Käufer sie schlachten, ohne
es zu büßen; oder wenn sie sie verkaufen, sagen: Ge-
priesen sei der HERR, ich bin nun reich! Und keiner
von deren Hirten hat mit ihnen Mitleid. 6 Wahrhaftig,
ich werde kein Mitleid haben mit den Bewohnern
des Landes, spricht der HERR. Und siehe, ich las-
se die Menschen, einen jeden, in die Hand seines
Nächsten und in die Hand seines Königs geraten;
die werden das Land in Stücke schlagen, und ich
werde (sie) nicht aus ihrer Hand befreien. 7 Und ich
weidete die Schlachtschafe, fürwahr, die elendesten
der Schafe! Und ich nahm mir zwei Stäbe: den einen
nannte ich »Freundlichkeit«, und den anderen nannte
ich »Verbindung«, und ich weidete die Schafe. 8 Und
ich tilgte die drei Hirten in einem Monat aus. Und
meine Seele wurde ungeduldig über sie, und auch
ihre Seele wurde meiner überdrüssig. 9 Da sagte ich:
Ich will euch nicht mehr weiden. Was stirbt, mag
sterben, und was verkommt, mag verkommen; und
die übrigbleiben, sollen eines des anderen Fleisch
fressen! 10 Und ich nahm meinen Stab »Freundlich-
keit« und zerbrach ihn, um meinen Bund ungültig
zu machen, den ich mit allen Völkern geschlossen
hatte. 11 So wurde er an jenem Tag ungültig gemacht.
Und so erkannten die elendesten der Schafe, die auf
mich achteten, dass es des HERRN Wort war. 12 Und
ich sagte zu ihnen: Wenn es recht ist in euren Au-
gen, gebt mir meinen Lohn, wenn aber nicht, lasst es
bleiben! Und sie wogen meinen Lohn ab: dreißig Sil-
ber(schekel). 13 Da sprach der HERR zu mir: Wirf ihn

dem Töpfer hin, den herrlichen Wert, den ich ihnen
wert bin! Und ich nahm die dreißig Silber(schekel)
und warf sie in das Haus des HERRN dem Töpfer
hin. 14Dann zerbrach ich meinen zweiten Stab »Ver-
bindung«, um die Bruderschaft zwischen Juda und
Israel ungültig zu machen. 15Und der HERR sprach
zu mir: Nimm dir noch einmal Gerät eines Hirten
(und verhalte dich wie ein) törichter (Hirte). 16Denn
siehe, ich lasse einen Hirten im Land aufstehen: Um
die verkommenden (Tiere) kümmert er sich nicht,
das Versprengte sucht er nicht, und das Zerbrochene
heilt er nicht, das Gesunde versorgt er nicht, aber das
Fleisch des Fetten isst er und zerreißt (sogar) ihre
Klauen. 17Wehe dem nichtigen Hirten, der die Schafe
verlässt! Das Schwert über seinen Arm und über sein
rechtes Auge! Sein Arm verdorre, ja, verdorre, und
sein rechtes Auge erlösche, ja, erlösche!

Das ganze Kapitel 11 behandelt in gewisser Hinsicht das erste Kommen und die Ereignisse, die es begleiten. Das Kapitel ist in drei Teile gegliedert. Verse 1–3 beschreiben eine große Verwüstung, die über das ganze Land Israel von Norden nach Süden kommt. Dies wurde in dem ersten und zweiten Aufstand gegen Rom in den Jahren 70 n. Chr. und 135 n. Chr. erfüllt. Verse 4–14 beschreiben die Ereignisse des ersten Kommens und die Ablehnung des wahren Hirten (Messias), was zur Vernichtung im Jahre 70 n. Chr. führte. Verse 15–17 beschreiben die Wahl eines falschen Hirten, die zur Vernichtung im Jahre 135 n. Chr. führte.

Die Verwüstung des Landes (Verse 1–3)

Die in den Versen 1–3 beschriebene Art der Verwüstung geschah nur im Jahr 70 n. Chr. als Folge des ersten jüdischen Aufstandes gegen Rom. Man könnte sagen, dass die Prophetie dieser ersten drei Verse dann vollständig im Jahr 135 erfüllt wurde, als das Land bei dem zweiten Aufstand völlig verwüstet wurde.

Der jüdische Tempel wurde oft bezeichnet als ein Zedernort oder als ein Zedernhaus (1Kön 5,5–6). Daher ist die in den Versen 1 und 2 beschriebene Zerstörung wahrscheinlich eine Anspielung auf die künftige Zerstörung des Tempels, und zwar des Tempels, an dessen Wiederaufbau man zur Zeit der Prophetie Sacharjas noch arbeitete. In Vers 3a werden die Hirten, das bedeutet die jüdischen Führer, aufgefordert zu klagen wegen des Ruins ihrer Herrlichkeit. Als Jerusalem und der Tempel zerstört wurden, wurde ihre Herrlichkeit wahrhaftig ruiniert. Schließlich konzentriert sich Vers 3b auf die Zerstörung im Jordantal. Diese wird auch in Jeremia 12,5, in 49,19 und in 50,44 erwähnt. Der Rest dieses Kapitels handelt von den zwei Gründen für diese Zerstörung mit der Ablehnung des wahren Hirten und der Annahme des falschen Hirten.

Die Ablehnung des wahren Hirten (Verse 4–14)

Der Auftrag des Propheten

In den Versen 4–6 wird dem Propheten Sacharja ein Auftrag gegeben. Ihm wird eine Rolle übertragen, die er als Botschaft an das Volk spielen soll. Die Rolle, die er spielen soll, ist die des Messias bei seinem ersten Kommen. Der Messias wird hier in der Person eines Hirten dargestellt, der seine Herde versorgt. Die Herde (Vers 4) steht symbolisch für Israel. Die Schafe werden von ihren Eigentümern (symbolisch für Rom) umgebracht, und sogar »ihre eigenen Hirten« (symbolisch für die jüdischen Führer) »haben kein Mitleid mit ihnen«. In Vers 5 ist die Herde, das Volk Israel, vom Menschen im Stich gelassen worden, aber weiter unten, in Vers 6, ist sie auch von Gott verlassen worden. Gott sagt, dass er bewirken will, dass er jeden einzelnen Menschen »in die Hand seines Königs geraten lässt«. Das scheint auf den ersten Blick ein wenig verwirrend zu sein, weil ja Israel zur Zeit der römischen Besatzung keinen König hatte. In den Evangelien lesen wir aber, dass Pontius Pilatus, als Jesus (der wahre Hirte) vor ihm vor Gericht stand, dem Volk erklärte: »Hier ist euer König«. Aber die Pharisäer verwarfen Jesus und schrien: »Wir haben keinen König außer dem Kaiser« (Joh 19,15). Weil der Messias als König abgelehnt wurde und nur der Kaiser als König anerkannt wurde, hat Gott sie diesem König zum Gericht überlassen. Im Krieg mit den Römern sind 70 n. Chr. insgesamt 1,1 Millionen Juden getötet und 97 000 in die Sklaverei geführt worden.

Die Ausführung des Auftrags

In den Versen 7–11 führt Sacharja seinen Auftrag aus. In Vers 7 füttert er die zum Schlachten bestimmte Herde, aber vor allem »die Armen« (oder die Elenden). »Die Armen und Elenden« sind ein häufiger Ausdruck bei den Propheten und beziehen sich immer auf den gerechten Überrest Israels. Wenn Israel als Ganzes viele Male in seiner Geschichte rebellisch und gesetzlos gewesen ist, blieb dennoch immer eine kleine Gruppe Gerechter, gläubiger Menschen in Israel übrig, die als »der Rest Israels« bezeichnet wurde.

Der Messias wird zwar kommen, um ganz Israel zu dienen, aber es wird eine besondere Betonung auf seinem Dienst an dem glaubenden Überrest innerhalb Israels liegen. Die Erfüllung davon sehen wir in Matthäus 9 Vers 35 und 36. Sacharja benutzt zwei Stäbe für seine Darstellung. Dem einen wird der Name »Freundlichkeit« gegeben und dem anderen »Verbindung«. Der Stab »Freundlichkeit« dient zur Verteidigung der Herde, und der Stab »Verbindung« soll die Herde zusammenhalten und ihre Einheit bewahren.

In Vers 8 sieht sich Sacharja der Opposition dreier anderer Hirten gegenüber. Im Zusammenhang mit Jesu Dienst stehen diese drei Hirten symbolisch für die Pharisäer, die Sadduzäer und die Schriftgelehrten, die Schlüsselfiguren der jüdischen Führung zur Zeit seines ersten Kommens. Eine der Folgen von Jesu Dienst war die Vernichtung dieser drei Gruppen. Der Grund für ihre Vernichtung ist die in Vers 8 beschriebene wechselseitige Gegnerschaft. Die Erfüllung dieser Prophetie ist vor allem zu sehen in Jesu Anprangerung der religiösen Führer Israels, wie sie in Matthäus 23,1–37 beschrieben ist.

Zweitens kann die feindselige Einstellung der Führer gegenüber Jesus darin gesehen werden, wie sie seine Hinrichtung planen und Judas Ischarioth bestechen, ihn zu verraten.

Obgleich Vers 7 den treuen Hirten der Herde beschreibt, gibt es in Vers 9 ein urplötzliches Aufhören mit der Fütterung der Schafe. Im Dienst Jesu wurde dieser Teil der Prophetie durch die in Matthäus 12,22–45 geschilderten Ereignisse erfüllt. Dieses Kapitel beschreibt den entscheidenden Wendepunkt in Jesu Dienst: die Verneinung seiner Messianität wegen angeblicher dämonischer Besessenheit. Vorher hatte Jesus öffentlich seinen Anspruch verkündet, der Messias zu sein. Nach seiner Ablehnung aber machte er keine solchen Ansprüche mehr und verbot jedem (den Jüngern und denen, die er heilte), darüber zu reden, dass er der Messias ist. Vor seiner Ablehnung lehrte er das Volk (fütterte er die Herde) offen und klar (z. B. mit der »Bergpredigt«). Nach der Ablehnung ging Jesus plötzlich und unmittelbar zu dem ausschließlichen Gebrauch von Gleichnissen über, um die Wahrheit vor den Massen zu verbergen. Ihn der Besessenheit anzuklagen, bildete die »unvergebbare Sünde«, und von dem Augenblick an war das Gericht von 70 n. Chr. unvermeidbar. In dem Augenblick, wo die unverzeihliche Sünde begangen wird, hört Jesus auf, die Herde als Ganze zu füttern, und befasst sich nur mit einzelnen Menschen dieser Nation.

In Vers 10 nimmt Sacharja, wenn mit dem Füttern aufgehört wird, den Stab mit dem Namen »Freundlichkeit« und zerbricht ihn. Dies symbolisiert, dass Gott den Schutz über Israel aufhebt und dass das Gericht von 70 n. Chr. unvermeidbar wird. (Die Erfüllung davon ist in Lukas 19,41–44 und 21,24 zu sehen.) Es ist zu beachten, dass »Völker« im Plural steht und so die Heidennationen meint. Israel ist jetzt den Angriffen der Heiden gegenüber verwundbar, und der Angriff der Römer im Jahre 70 war in der Tat vernichtend.

In Vers 11 sehen die Elenden der Herde, das heißt der gläubige Überrest, das Zerbrechen des Stabes »Freundlichkeit« als Wort Gottes und verstehen dessen Bedeutung. Während des Dienstes Jesu haben die jüdischen Gläubigen auch in der Tat verstanden, dass Gericht kommen würde, dass es aus der Hand Gottes kam und dass es unvermeidbar war. In Lukas 21 hatte Jesus ihnen Anweisung gegeben, aus Jerusalem zu fliehen, wenn die Zeit der Zerstörung kommen würde. Dort heißt es in den Versen 20 bis 24:

> 20 Wenn ihr aber Jerusalem von Heerscharen umzingelt seht, dann erkennt, dass seine Verwüstung nahe gekommen ist! 21 Dann sollen die in Judäa auf die Berge fliehen und die, die in seiner Mitte sind, daraus entweichen, und die, die auf dem Land sind, nicht dort hineingehen. 22 Denn dies sind Tage der Rache, dass alles erfüllt werde, was geschrieben steht. 23 Wehe aber den Schwangeren und den Stillenden

in jenen Tagen! Denn große Not wird auf der Erde sein und Zorn gegen dieses Volk. [24]Und sie werden fallen durch die Schärfe des Schwertes und gefangen weggeführt werden unter alle Nationen; und Jerusalem wird zertreten werden von den Nationen, bis die Zeiten der Nationen erfüllt sein werden.

Als 66 n.Chr. die Römer Jerusalem belagerten, erkannten die Gläubigen in der Stadt, dass die Zeit des Gerichtes gekommen war, dass sie nicht an den Kämpfen teilnehmen, sondern in die Berge flüchten sollten. Später in diesem Jahr wurde die Belagerung zeitweilig aufgehoben und die gesamte jüdisch-christliche Gemeinschaft aus Jerusalem und dem ganzen Lande Israel (etwa 100 000 Menschen) verließen Israel und fanden Zuflucht in Pella, östlich des Jordan. Im Jahre 68 wurde die Belagerung wieder aufgenommen, und 70 kam die endgültige Zerstörung. Der Hauptpunkt ist hier, dass die »Elendesten der Herde«, diejenigen, denen ein besonderer Schwerpunkt im Dienst des Messias galt, verstanden, dass Gottes Schutz aufgehoben war und dass die Nation unter dem Gericht stand. Daher handelten sie in Übereinstimmung mit Jesu Worten in Lukas 21. Weil sie gläubig den Worten ihres Messias gehorchten, verlor keiner der jüdischen Gläubigen das Leben, wurde kein jüdischer Gläubiger in die Sklaverei geführt.

Der Preis für den guten Hirten

Verse 12–14 beschreiben den Wert, wie man die Arbeit des guten Hirten einschätzte. In Vers 12 tritt der gute Hirte auf die Führer Israels zu und verlangt seinen Lohn, dass er bezahlt werde gemäß dem, wie sie ihn wertschätzen. Man zahlt ihm dreißig Silberstücke. Heute könnte dies vielleicht als ein vernünftiger Betrag erscheinen, aber es war in Wirklichkeit ein Zeichen für Verachtung. Unter dem mosaischen Gesetz waren dreißig Silberstücke die Entschädigung für einen toten Sklaven (2Mos 21,32). Die Arbeit des guten Hirten wird daher so beurteilt, als ob sie der eines toten Sklaven entspricht. Dreißig Silberstücke bezahlt zu bekommen, war beleidigender als gar nichts zu bekommen.

Die Worte von Vers 13 sind hier außerordentlich wichtig. Es ist zwar Sacharja, dem die dreißig Silberstücke ausgezahlt wurden, aber wer ist im Eigentlichen beleidigt? »Da sprach der HERR zu mir: Wirf ihn dem Töpfer hin, den herrlichen [= Sarkasmus!] Wert, den ich ihnen wert bin!« Es ist der HERR, der der gute Hirte ist. Es ist der HERR, dessen Werk so verachtet wird, dass es ihnen nur die dreißig Silberstücke wert ist. Und so wird deutlich, dass Sacharja bloß ein Schauspieler ist, der eine prophetische Rolle spielt (ein übliches Mittel in der Heiligen Schrift, um Prophetien weiterzugeben), und dass diese Rolle von JHWH selbst erfüllt wird, wenn er Mensch wird, wie es in vorausgegangenen Prophetien gesagt wurde.

Dann wird Sacharja gesagt, er solle die dreißig Silberstücke nehmen und fortwerfen, und zwar in das Gebiet des Töpfers auf dem Tempelareal. Diese Worte fanden ihre Erfüllung, als Judas Ischarioth dreißig Silberstücke von den jüdischen Führern ausbezahlt bekam, um Jesus zu verraten. Später tat Judas das, was Sacharja tat: Er warf die Münzen in das Tempelareal. All dies wird in Matthäus 26,14–16 und 27,3–10 beschrieben. Es ist zu beachten, dass die dreißig Silberstücke Judas von den Hohepriestern bezahlt wurden, die das Geld wohl aus dem Tempelschatz genommen hatten. Dieses Geld war für den speziellen Zweck bestimmt, Opfer zu kaufen. Obgleich sie sich dessen gar nicht bewusst waren, taten die Priester gerade das: Sie kauften ein Opfer. Jesus sollte das endgültige Opfer für die Sünde sein.

Die Antwort auf die im Vers 13 gezeigte Verachtung steht in Vers 14. Sacharja nimmt den zweiten Stab, »Verbindung« genannt, und zerbricht ihn. Auch das ist wieder eine prophetische Handlung und bedeutet diesmal, dass die Herde zerstreut und die Einheit Israels zerstört werden soll. Während des Krieges gegen die Römer von 66–70 n. Chr. entstanden verschiedene Gruppierungen unter den Zeloten, die begannen, sich gegenseitig zu bekämpfen. Sie vernichteten sich gegenseitig die Nahrungsvorräte und brachten sich gegenseitig um. Letztendlich war es der Streit unter den Bürgern in Jerusalem, der bewirkte, dass es so leicht an die Römer fiel. Die Zerstörung der Einheit führte daher zur Zerstreuung der Herde. Die große Zerstreuung der Juden begann in der Tat 70 n. Chr.

Der törichte Hirte (Verse 15–17)

Während die Führung den guten Hirten in den Versen 4–14 verwirft, akzeptiert sie im nächsten Abschnitt, in den Versen 15–17, stattdessen einen törichten und ungerechten Hirten.

In Vers 15 wird Sacharja gesagt, er solle eine zweite Rolle spielen: nicht die eines guten Hirten, wie vorher, sondern dieses Mal die eines törichten Hirten, welcher der Herde nichts als Schaden bringt. Im Jahre 132 führte Simon bar Kochba den zweiten jüdischen Aufstand gegen Rom an. Er wurde von vielen der Rabbinen unterstützt; aber am bedeutsamsten ist, dass mitten im Aufstand der Oberrabbiner, Rabbi Akiba, erklärte, bar Kochba sei der Messias. Am Anfang des Aufstandes hatten die christlichen Juden auch zum Schwert gegriffen und sich an der Verteidigung des Landes beteiligt. Mit Rabbi Akibas Erklärung wurde jedoch der Aufstand eine messianische Bewegung, und die christlichen Juden wurden gezwungen, sich aus dem Kampf zurückzuziehen, weil sie bar Kochba nicht als Messias unterstützen konnten. Das hatte zur Folge, dass Rabbi Akiba mit verschiedenen jüdischen Räten eine lange Liste von Gesetzen erließ, die jede Art von Verbindung mit jüdischen Christen im Land verbot. Die Römer kehrten schließlich nach der ihnen von bar Kochba zugefügten Niederlage zurück und begannen eine Politik der verbrannten Erde. Als bar Kochba 135 n. Chr. zu seinem letzten Kampf antrat, lag buchstäblich das ganze Land verbrannt da; kaum etwas wuchs noch, und die Menschen verhungerten in Scharen. So wurde die in Sacharja 11,1–3 angekündigte Zerstörung in einem noch größeren Ausmaß erfüllt als im Jahre 70.

Sacharja 11,1–17 lehrt:
Das erste Kommen des Messias wird abgelehnt, vor allem von der jüdischen Führung.
Während die Nation als Ganzes den Messias ablehnt, wird es einen kleinen Überrest gläubiger Menschen geben, die ihn annehmen.
Die Führung von Israel wird ihn für 30 Silberstücke verkaufen.
Die Folgen dieser Ablehnung werden zweifach sein. Erstens wird der Schutz aufgehoben und Israel für heidnische Angriffe verwundbar gemacht. Zweitens wird die Einheit von Israel genommen und Israel zerstreut.
Weil sie sich vom wahren Messias abgewendet haben, werden

sie so töricht sein und einen falschen Messias akzeptieren. Wenn die in Sacharja 11,1–3 beschriebene Zerstörung im Jahre 70 n. Chr. stattgefunden hat, dann muss der Messias vor 70 n. Chr. gekommen sein.
Der Messias ist der Gute Hirte von Johannes 10 Vers 11 bis 18.

Sacharja 12,10 – Der Messias wird endlich anerkannt

> Aber über das Haus David und über die Bewohnerschaft von Jerusalem gieße ich den Geist der Gnade und des Flehens aus, und sie werden auf mich blicken, den sie durchbohrt haben, und werden über ihn wehklagen, wie man über den einzigen Sohn wehklagt, und werden bitter über ihn weinen, wie man bitter über den Erstgeborenen weint.

Das ganze 12. Kapitel von Sacharja handelt von den Ereignissen bei der Wiederkunft des Messias und ganz besonders von der Schlacht von Harmageddon. (Dieses Thema liegt zwar außerhalb unserer Betrachtung, aber ich habe darüber im *Handbuch der biblischen Prophetie* auf S. 268 und 290–293 [Paperback] geschrieben.) Vers 10 ist jedoch sehr wichtig für das Studium der Prophetien zum ersten Kommen. Der Messias wurde von der jüdischen Führung bei seinem ersten Kommen verworfen, und es ist eine absolute Voraussetzung für sein Wiederkommen, dass die jüdischen Führer ihre ursprüngliche Ablehnung bereuen und Gott um seine Wiederkunft bitten. Sacharja beschreibt die tiefe Trauer, welche die jüdischen Führer einmal über den Tod des Messias, den er bei seinem ersten Kommen erleiden musste, ergreifen wird. Im Kontext unserer Studie werden hier drei Punkte betont:

1. Eine weitere Bestätigung, dass der Messias von den Führern der Juden abgelehnt werden wird.

2. Uns ist schon von Jesaja mitgeteilt worden, dass der Messias sterben sollte, aber jetzt wird uns gesagt, dass es ein gewaltsamer Tod sein wird: er wird durchstochen.

3. Es ist der HERR, der hier spricht und sagt: »Sie werden auf mich blicken, den sie durchbohrt haben«– es ist also

> JHWH, den sie durchbohrt haben. Uns wird also wieder gesagt, dass der Messias Gott selbst sein wird. Das Wort für »durchbohrt« bedeutet »durchstoßen«. Dies wurde bei Jesu Kreuzigung erfüllt, als ein römischer Soldat ihm den Speer in die Seite stieß, wie es in Johannes 19,31–37 aufgezeichnet ist.

Einige Rabbinen fassten diese Textstelle als messianisch auf. Das geht deutlich aus dem Talmud, Sukka 52a, hervor: »Warum gibt es diese Trauer in der Zeit des Messias? Es gibt eine unterschiedliche Auslegung zwischen Rabbi Dosa und den Rabbanan [Weisen]. Eine Meinung ist, dass man trauert um den Messias ben Joseph, der getötet wurde; eine andere Auslegung sagt, sie trauern um die, die durch den ›Bösen Trieb‹ umgebracht wurden. Es passt aber gut zu der Erklärung dessen, der sagt, die Ursache sei die Tötung des Messias, denn so stimmt es gut mit diesem Schriftvers überein. ... Wenn es mit dem Umkommen durch den ›Bösen Trieb‹ zu tun hat, dann muss man fragen: Ist das denn ein Grund zum Trauern? Ist es nicht eher ein Grund zur Freude? Warum sollte man denn deshalb weinen?«

Sacharja 12,10 lehrt:
Das erste Kommen des Messias wird von den Führern Israels abgelehnt.
Der Messias wird einen gewalttätigen Tod sterben, er wird durchbohrt werden.
Der Messias wird beides sein, Gott und Mensch.

Sacharja 13,7 – Der gute Hirte

> Wach auf, Schwert, gegen meinen Hirten und gegen den Mann, der mein Gefährte ist!, spricht der HERR der Heerscharen. Schlage den Hirten, dass die Schafe sich zerstreuen! Und ich werde meine Hand den Kleinen zuwenden (besser nach der Lutherübersetzung: *gegen die Kleinen*).

Sacharja 13,7 ist eine Zusammenfassung des ganzen Kapitels 11 von Sacharja in einem Vers. Der Hirte von 13,7 ist der gute Hirte von Kapitel 11 Vers 4 bis 14. Dieser Vers stellt wiederum fest, dass der Messias ein Gott-Mensch sein wird. Das Menschsein des Messias ist offensichtlich: »... und gegen den Mann ...«. Die Worte, die folgen, sind im Englischen oder Deutschen nie richtig übersetzt worden, und daher wird die Göttlichkeit des Messias nicht so deutlich. Was als »mein Gefährte« übersetzt wird, ist in Wirklichkeit im Hebräischen »der mir Gleichgestellte«.[13] Der Vers sollte also eigentlich gelesen werden: »und gegen den Menschen, den mir Gleichgestellten«. Und um mit Gott gleich zu sein, muss der Messias auch wirklich Gott sein. Das mag aus der Übersetzung nicht so deutlich werden, aber im hebräischen Original ist es sehr klar.

Dieser Vers betont auch die Tatsache, dass der Tod des Messias gewaltsamer Natur ist, und das sagt wiederum, dass sein Tod der Grund für die Zerstreuung Israels sein wird. Der Hirte wurde 30 n. Chr. geschlagen, als Jesus gekreuzigt wurde, und die Schafe wurden 70 n. Chr. zerstreut, als Israel vertrieben wurde. Diese Worte werden auch in Matthäus 26,31.32 auf die Jünger Jesu bezogen, aber vor allem beziehen sie sich auf die Zerstreuung von 70 n. Chr. Nach Vers 7b müssen auch die Kleinen, das unschuldige, gemeine Volk, leiden, weil die Führer Israels den Messias, den guten Hirten, verworfen haben.

Sacharja 13,7 lehrt:
Der Messias wird ein Gott-Mensch sein.
Der Tod des Messias wird gewaltsamer Natur sein.
Der Tod des Messias wird Grund für die Zerstreuung Israels sein.

Maleachi 3,1 – Der Bote des Königs

> Siehe, ich sende meinen Boten, damit er den Weg vor mir her bereite. Und plötzlich kommt zu seinem Tempel der Herr, den ihr sucht, und der Engel des Bundes, den ihr herbeiwünscht, siehe, er kommt, spricht der HERR der Heerscharen.

Nur zwei Prophetien in der hebräischen Heiligen Schrift handeln vom Vorläufer des Messias. Die erste steht in Jesaja 40,3–5

[13] Im Englischen: *equal*. Das hebräische Wort *amít* wird im Hebr. Lexikon KB 3 mit »Gemeinschaft«, »Volksgenossenschaft« übersetzt, und Sacharja 13,7 wird wörtlich als »der Mann meiner Volksgemeinschaft«, freier mit: »der Mann, der mir nahesteht«, wiedergegeben. [Anm. d. Red.]

und die zweite hier in Maleachi 3 Vers 1. Der Vorläufer der Wiederkunft des Messias wird in Maleachi 4,5–6 ganz klar als der Prophet Elia identifiziert. Der Vorläufer seines ersten Kommens aber wird nie beim Namen genannt, weder hier noch in Jesaja. Nur im Neuen Testament wird er als Johannes der Täufer geoffenbart. Es heißt in Matthäus 11 Vers 7a, 10 und 11:

> 7Als die [Jünger des Johannes] aber hingingen, fing Jesus an, zu den Volksmengen zu reden über Johannes: … 10Dieser ist es, von dem geschrieben steht: »Siehe, ich sende meinen Boten vor deinem Angesicht her, der deinen Weg vor dir bereiten wird.« 11Wahrlich, ich sage euch, unter den von Frauen Geborenen ist kein Größerer aufgestanden als Johannes der Täufer; der Kleinste aber im Reich der Himmel ist grösser als er.

Maleachi ist der letzte der alttestamentlichen Propheten. Seine Prophetie war die letzte Offenbarung Gottes für 400 Jahre. Sein Name bedeutet im Hebräischen »mein Bote« oder »mein Engel«. Das hebräische Wort für »mein Bote« in Vers 3,1 lautet in der Tat *mal'achi*. Die nächste prophetische Stimme, die in Israel 400 Jahre später gehört werden sollte, wird die Stimme von *mal'achi* sein, von »meinem Boten«, Johannes dem Täufer.

Der Rest von Vers 1 spricht vom ersten Kommen des Messias. Er sagt, dass der Messias plötzlich in seinen Tempel kommen wird. Dies ist der zweite Tempel, von Serubbabel gebaut und von Herodes dem Großen erneuert. Es war dieser Tempel, zu dem Jesus bei zwei Gelegenheiten kam, um ihn von den Geldwechslern zu reinigen (Joh 2,13–22; Mt 21,12.13). Der Text sagt ausdrücklich »zu seinem Tempel«. Dieser Tempel gehört dem Messias. Er hat volle Rechte an diesem Tempel und kann damit tun, wie es ihm gefällt. Als Jesus ihn reinigte, übte er seine Herrschaft, seine Autorität, sein Recht als Eigentümer aus. Die Verse 2–5 dieses Abschnitts sprechen dann davon, dass der Messias bei seiner Wiederkunft das Volk reinigt.

Maleachi 3,1 lehrt:
Dem ersten Kommen des Messias wird ein Herold vorausgehen.

Die Schriften[14]

1. Chronik 17,10b–14 – Der davidische Bund

> 10b So verkündige ich dir [nun], dass der HERR dir ein Haus bauen wird. 11 Und es wird geschehen, wenn deine Tage erfüllt sind, so dass du zu deinen Vätern hingehst, dann werde ich deinen Nachkommen nach dir aufstehen lassen, der von deinen Söhnen sein wird, und werde seine Königsherrschaft festigen. 12 Der wird mir ein Haus bauen; und ich werde seinen Thron festigen für ewig. 13 Ich will ihm Vater sein, und er soll mir Sohn sein. Und ich will meine Gnade nicht von ihm weichen lassen, wie ich sie von dem habe weichen lassen, der vor dir war. 14 Und ich will ihm Bestand geben in meinem Haus und in meiner Königsherrschaft auf ewig; und sein Thron soll fest stehen für ewig.[15]

Wir haben im Rahmen unseres Studiums bereits den abrahamitischen Bund in 1. Mose 22,18 auf den Seiten 15–16 kennengelernt. Ein weiterer von den acht Bünden in der Schrift, der für die messianische Christologie von Bedeutung ist, ist der davidische Bund. Dieser wird in zwei Teilen der Schrift gefunden. Der erste konzentriert sich auf Davids unmittelbaren Sohn Salomo, und der zweite handelt von Davids entferntem Sohn, dem Messias.

2. Samuel 7,11b–16

Der erste Abschnitt ist in der Rolle der Propheten, in 2. Samuel 7 Vers 11 bis 16 zu finden.

---

[14] Der vorliegende 4. Teil dieses Buches wurde von Wolfgang v. Ungern-Sternberg übersetzt. Er beschäftigt sich mit den messianischen Abschnitten der Schriften des alttestamentlichen hebräischen Kanons.

[15] Wenn nicht anders vermerkt, werden die Bibelstellen gemäß der revidierten Elberfelder Übersetzung wiedergegeben.

> 11b So verkündigt dir (nun) der HERR, dass der HERR
> dir ein Haus machen wird. 12 Wenn deine Tage erfüllt
> sind und du dich zu deinen Vätern gelegt hast, dann
> werde ich deinen Nachkommen, der aus deinem Leib
> kommt, nach dir aufstehen lassen und werde sein
> Königtum festigen. 13 Der wird meinem Namen ein
> Haus bauen. Und ich werde den Thron seines König-
> tums festigen für ewig. 14 Ich will ihm Vater sein, und
> er soll mir Sohn sein. Wenn er verkehrt handelt, wer-
> de ich ihn mit einer Menschenrute und mit Schlägen
> der Menschenkinder züchtigen. 15 Aber meine Gna-
> de soll nicht von ihm weichen, wie ich sie von Saul
> habe weichen lassen, den ich vor dir weggetan habe.
> 16 Dein Haus aber und dein Königtum sollen vor dir
> Bestand haben für ewig, dein Thron soll feststehen
> für ewig.

Dieser Abschnitt handelt von einem Sohn, der aus den Lenden Davids selbst hervorgehen wird, ein Sohn, der Davids unmittelbarer Nachfolger sein wird. In Vers 16 verspricht Gott drei Dinge als Bestandteile des Bundes:

1. ein ewiges Haus (oder Dynastie),
2. ein ewiges Königreich,
3. einen ewigen Thron.

Als unmittelbar folgenden Beweis für Gottes Treue diesem Bund gegenüber wird Davids Linie von einem Sohn weitergeführt, der den Tempel bauen wird, welchen David nicht bauen durfte. Das wird natürlich Salomos Tempel sein. Wenn dieser Sohn sündigt, wie es Salomo dann wirklich tat, als er in Götzendienst verfiel, wird er wohl gezüchtigt, aber Gottes Bundesliebe wird mit ihm bleiben.

1. Chronik 17,14

Die Parallelstelle in 1. Chronik 17,14 ist sehr ähnlich, aber es gibt bedeutsame Unterschiede. In 2. Samuel 7 ist der Sohn der unmittelbar folgende, in 1. Chronik 17 ist er in der Ferne. In

2. Samuel 7 ist der Sohn ein Sünder, in 1. Chronik 17 wird Sünde nicht genannt. In 2. Samuel 7 bezieht sich der Text auf Salomo, in 1. Chronik 17 auf den Messias.

Die drei Versprechen aus 2. Samuel 7 werden hier wiederholt, aber ein viertes wird noch hinzugefügt: ein ewiger Sohn: »Ich will ihm Bestand geben in meinem Haus ... auf ewig.« Davids Linie wird schließlich in der Geburt einer ewigen Person ihren Höhepunkt finden, deren Ewigkeit Davids Dynastie, Königreich und Thron für immer garantieren wird.

In den vorangegangenen Prophetien sollte »der Same« geboren werden von einer Frau, und jetzt erfahren wir, in welcher Familie des Stammes Juda: in der Familie Davids. Es wird uns gesagt, dass er von einem der Söhne Davids abstammen wird, doch in Jeremia 22,24–30 wird uns eine Familie genannt, die vom Propheten verflucht und ausgeschlossen wird. Das ist die Familie des Konja, auch als Jechonja oder Jojachin bekannt. Wegen seines Verhaltens sprach Gott in den Tagen Jeremias einen Fluch über ihn aus. Dieser Fluch, der in Jeremia 22,30 wiedergegeben wird, besagt, dass kein Nachkomme Jechonjas jemals das Recht haben wird, auf Davids Thron zu sitzen. Der Messias musste also als Sohn Davids geboren werden, aber nicht aus der Linie des Jechonja.

Im Evangelium nach Matthäus erfahren wir, dass Joseph, der Mann der Maria, der Mutter Jesu, ein Sohn Davids über Salomo und Jechonja war. Er und seine Kinder waren daher unter Gottes Fluch und konnten niemals den Thron Davids erben. Das Evangelium nach Lukas gibt uns ganz klar zu verstehen, dass Jesu Abstammung über Maria auf Nathan und David zurückgeht, und es beweist damit die Legitimität von Jesu Anspruch, der Messias zu sein.

1. Chronik 17,10b–14 lehrt:
Der Messias wird ein Sohn Davids sein (aber über eine andere Linie als die des Jechonja).
Der Messias wird ewig leben.

Psalm 2,7–12 – Der Sohn Gottes

> 7Lasst mich die Anordnung des HERRN bekanntgeben! Er hat zu mir gesprochen: »Mein Sohn bist

> du, ich habe dich heute gezeugt. [8]Fordere von mir, und ich will dir die Nationen zum Erbteil geben, zu deinem Besitz die Enden der Erde. [9]Mit eisernem Stab magst du sie zerschmettern, wie Töpfergeschirr sie zerschmeißen.« [10]Und nun, ihr Könige, handelt verständig; lasst euch zurechtweisen, ihr Richter der Erde! [11]Dienet dem HERRN mit Furcht, und jauchzt mit Zittern! [12]Küsst den Sohn, dass er nicht zürne und ihr umkommt auf dem Weg; denn leicht entbrennt sein Zorn. Glücklich alle, die sich bei ihm bergen!

Das Buch der Psalmen könnte man mit einem einzigen Satz wie folgt zusammenfassen: »Die Psalmen sind die poetische Fassung der Botschaften vom Gesetz und den Propheten.« Das Buch der Psalmen wird oft als ein reines Gebetsbuch betrachtet. Es ist zwar als solches sehr nützlich, aber es wäre falsch, wenn man es ausschließlich darauf begrenzen würde. Das ganze Buch der Psalmen ist voller tiefgründiger Lehre und tiefer geistlicher Wahrheiten, die in poetische Begriffe eingebettet sind.

Der gesamte Psalm 2 handelt vom zweiten Kommen des Messias, von den Ereignissen vorher, während und danach und ganz besonders bei der Schlacht von Harmagedon.[16] Es gibt jedoch einige Elemente, die auch schon für das erste Kommen wichtig sind, vor allem in den Versen 7–12.

Zuerst muss einmal festgestellt werden, dass diese Verse unmöglich auf David angewendet werden können. Obgleich David ein großer König war, gab Gott ihm doch nie die Autorität über die ganze Erde (Vers 8), auch regierte er nie bis an die äußersten Grenzen der Erde. Diese Verse sprechen vom Messias, der, wie der Psalmist es von den Propheten gehört haben wird, über die ganze Welt herrschen wird. Sogar Raschi gibt zu: »Unsere Rabbis legen es so aus, dass es sich auf den König Messias bezieht.«

Unter den dem Messias gegebenen Titeln ist die Bezeichnung »Sohn Gottes«. Dieser wird zweimal in Psalm 2 auf den Messias angewendet: in Vers 7 und 12. Dieser Messias, der König in Jerusalem und über die ganze Welt sein soll, ist auch, ganz allein, der Sohn Gottes.

---

[16] S. Arnold G. Fruchtenbaum, Handbuch der biblischen Prophetie, Asslar: Schulte und Gerth, 1984, S. 270–305.

Der Ausdruck »Söhne Gottes« bezieht sich im Plural in der ganzen hebräischen Heiligen Schrift stets auf Engel, entweder auf die gefallenen oder die nicht gefallenen. Der Ausdruck »Sohn Gottes« im Singular bezieht sich dagegen immer und einzig auf den Messias.

Psalm 2,7–12 lehrt:
Der Messias wird der Sohn Gottes sein.

Psalm 16 – Der Tod des Messias

> [1]Ein Miktam. Von David. Bewahre mich, Gott, denn ich berge mich bei dir! [2]Ich habe zum HERRN gesagt: »Du bist mein Herr; es gibt kein Glück für mich außer dir.« [3]An den Heiligen, die auf Erden sind, an den Herrlichen ist all mein Wohlgefallen. [4]Zahlreich sind die Schmerzen derer, die einem anderen (Gott) nachlaufen; ich werde ihre Trankopfer von Blut nicht spenden und ihre Namen nicht auf meine Lippen nehmen. [5]Der HERR ist das Teil meines Erbes und mein Becher; du bist es, der mein Los festlegt. [6]Die Messschnüre sind mir gefallen auf liebliches Land; ja, mein Erbteil gefällt mir. [7]Ich preise den HERRN, der mich beraten hat, selbst des Nachts unterweisen mich meine Nieren. [8]Ich habe den HERRN stets vor Augen; weil er zu meiner Rechten ist, werde ich nicht wanken. [9]Darum freut sich mein Herz und frohlockt meine Seele. Auch mein Fleisch wird in Sicherheit ruhen. [10]Denn meine Seele wirst du dem Scheol nicht lassen, wirst nicht zugeben, dass dein Frommer die Grube sehe. [11]Du wirst mir kundtun den Weg des Lebens; Fülle von Freuden ist vor deinem Angesicht, Lieblichkeiten in deiner Rechten immerdar.

Die Betonung liegt in Psalm 16,1 darauf, dass die Zuflucht des Messias in Gott ist, und in Vers 3 darauf, dass er all sein Wohlgefallen an den Heiligen, dem gläubigen Überrest, hat (vgl. die Aussagen von Sacharja 11,7.11). In den Versen 4–9 sagt der Psalmist, dass Gott der Vater die vollkommene Hoffnung des Messias im Leben und bis in den Tod sein wird (Vers 10). Sogar im Tod vertraut der Messias immer noch auf Gott. Die tiefste Aussage des Psalms ist jedoch, dass, obwohl Gott zulässt, dass der Messias stirbt, er dennoch – »meine Seele wirst du dem Scheol nicht lassen, wirst nicht zugeben, dass dein Frommer die Grube sehe«– wieder zum Leben auferweckt werden wird.

Psalm 16 lehrt:
Der Messias wird sich eines einzigartigen Verhältnisses zu Gott, dem Vater, erfreuen. (Dieser Aspekt des Lebens des Messias wird besonders vom Johannesevangelium betont.)
Der Messias wird sterben.
Der Messias wird ins Leben zurück erweckt werden.

Psalm 22 – Die Leiden und die Erhöhung des Messias[17]

Psalm 22 ist der berühmteste der messianischen Psalmen. Der ganze Psalm ist den Ereignissen des ersten Kommens und einigen Aspekten des zweiten Kommens gewidmet. Der Psalm gliedert sich in zwei Hauptteile. Der erste handelt von dem Leiden des Messias, der zweite von seiner Erhöhung. Der ganze Psalm könnte als eine poetische Version von Jesaja 53 angesehen werden, obgleich der Psalm vor der Prophezeiung des Jesaja geschrieben wurde.

Die Leiden des Messias (Verse 2–22)

Der Schrei des Messias um Hilfe

> 2Mein Gott, mein Gott, warum hast du mich verlassen? Fern von meiner Rettung sind die Worte meines Gestöhns. 3Mein Gott, ich rufe bei Tage, und du antwortest nicht; und bei Nacht, und mir wird keine Ruhe.

Die Verse 2–3 schildern den Messias, wie er in tiefster Qual laut aufschreit. Es ist kein Zufall, dass es genau diese Worte sind, die Jesus schrie als er am Kreuz hing. Er zitierte diese Worte nach

[17] Hier existieren verschiedene Verszählungen. Wir sind derjenigen der Elberfelder Übersetzung gefolgt. [Anm. d. Red.]

einer Periode von drei Stunden intensiver Dunkelheit. Während dieser drei Stunden war der ganze Zorn Gottes, verursacht durch die Sünde Israels und der Welt, über ihn ausgegossen worden. Dies ist die einzige Stelle in den Evangelienberichten, wo Jesus Gott anredet mit den Worten »mein Gott«. Bei jeder anderen Gelegenheit (und es sind mehr als 170 Stellen) sagt Jesus »Vater« oder »mein Vater«. Daran wird sehr deutlich, dass Jesus eine ganz besondere, einzigartige Beziehung zu Gott hatte. Am Kreuz jedoch starb Jesus für die Sünden der Welt, und seine Beziehung zu Gott war die zu einem Richter geworden und nicht die zu einem Vater; daher sein Schrei: »Mein Gott, mein Gott!« statt »Mein Vater, mein Vater!«

Gottes Rettertaten in der Vergangenheit

> 4 Doch du bist heilig, der du wohnst (unter) den Lobgesängen Israels. 5 Auf dich vertrauten unsere Väter; sie vertrauten, und du rettetest sie. 6 Zu dir schrien sie um Hilfe und wurden gerettet; sie vertrauten auf dich und wurden nicht zuschanden.

Die Verse 4–6 erzählen, wie Gott in der Vergangenheit gerettet hat. Gott ist vollkommen in der Lage zu retten, aber dieses Mal will er es nicht.

Der Messias wird verachtet

> 7 Ich aber bin ein Wurm und kein Mensch, ein Spott der Leute und verachtet vom Volk. 8 Alle, die mich sehen, spotten über mich; sie verziehen die Lippen, schütteln den Kopf: 9 »Er hat es auf den HERRN gewälzt, der rette ihn, befreie ihn, denn er hat ja Gefallen an ihm!«

Die Verse 7–9 beschreiben mit Ausdrücken, die Jesaja 53 sehr ähnlich sind, den Hohn und den Spott der bösen Menschen über die Leiden des Messias. Die Worte, die hier benutzt werden, sind in der Tat den verspottenden Worten sehr ähnlich, die von der Menge bei der Kreuzigung Jesu geäußert wurden.

Der Messias setzt sein Vertrauen in Gott

> [10]Ja, du bist es, der mich aus dem Mutterleib gezogen hat, der mir Vertrauen einflößte an meiner Mutter Brüsten. [11]Auf dich bin ich geworfen von Mutterschoss her, von meiner Mutter Leib an bist du mein Gott. [12]Sei nicht fern von mir, denn Not ist nahe, denn kein Helfer ist da.

Die Verse 10–12 stellen fest, dass der Messias von Geburt an auf Gott vertraut hat. Es gibt hier Hinweise auf die Mutter des Messias, aber wie in allen anderen messianischen Prophetien gibt es niemals einen Hinweis auf einen menschlichen Vater. Der Messias wird von einer Jungfrau geboren werden, wie es in Jesaja 7,14 prophezeit ist.

Die Beschreibung der Agonie

> [13]Viele Stiere haben mich umgeben, starke (Stiere) von Basan mich umringt. [14]Sie haben ihr Maul gegen mich aufgesperrt, (wie) ein Löwe, reißend und brüllend. [15]Wie Wasser bin ich hingeschüttet, und alle meine Gebeine haben sich zertrennt; wie Wachs ist mein Herz geworden, zerschmolzen in meinem Inneren. [16]Meine Kraft ist vertrocknet wie eine Scherbe, und meine Zunge klebt an meinem Gaumen; und in den Staub des Todes legst du mich. [17]Denn Hunde haben mich umgeben, eine Rotte von Übeltätern hat mich umzingelt. Sie haben meine Hände und meine Füße durchgraben. [18]Alle meine Gebeine könnte ich zählen. Sie schauen und sehen auf mich (herab). [19]Sie teilen meine Kleider unter sich, und über mein Gewand werfen sie das Los.

Die Verse 13–19 beschreiben die Leiden des Messias, und einiges wird fast wörtlich im Neuen Testament zitiert.
1. (Von Schaulustigen) umgeben und angestarrt (Vers 13 bis 14)
2. Körperliche Leiden und Todeskampf (Vers 15 bis 18)

   1. *Wie Wasser bin ich hingeschüttet…*

      Das betont ein übermäßiges Schwitzen.

2. *... und alle meine Gebeine haben sich zertrennt;*

   Nach dem Annageln am Boden wird das Kreuz senkrecht aufgerichtet und in ein tiefes Loch im Boden fallen gelassen. Dieser heftige Stoß verursacht, dass die Knochen aus den Gelenken springen.

3. *... wie Wachs ist mein Herz geworden...*

   Eine hebräische Redewendung, die bedeutet, dass das Herz gebrochen ist, wie es durch das Herausfließen von Blut und Wasser bewiesen ist.

4. *Meine Kraft ist vertrocknet wie eine Scherbe...*

   Seine Kraft ist völlig geschwunden.

5. *... und meine Zunge klebt an meinem Gaumen;*

   Seine Zunge klebte ihm am Gaumen, ein Zeichen ungeheuren Durstes. Nach sechs Stunden am Kreuz, drei davon in völliger Dunkelheit, sagte Jesus: »Mich dürstet«. Während dieser drei Stunden durchlitt Jesus die Ausgießung des Zornes Gottes, die Qualen der Hölle selbst. Jesus hatte vorher einmal von einem reichen Mann gesprochen, der nach nur einigen Augenblicken in der Hölle sagte: »Mich dürstet« (Lk 16). Dass Jesus dieselben Worte gebraucht, zeigt, was für außerordentlich große Höllenqualen er erlitt, als er am Kreuz hing.

6. *Sie haben meine Hände und meine Füße durchgraben.*

   Das hebräische Wort, das hier für »durchgraben« benutzt wird, ist nicht dasselbe wie in Sacharja 12 Vers 10. Das Wort in Sacharja 12 bedeutet »durchbohrt« und könnte mit dem römischen Speer in Verbindung gebracht werden, der Jesu Seite durchbohrte. Das Wort, das hier benutzt wird, würde man z. B. gebrauchen für das Durchstechen eines Ohres; es kann sich hier auf das Annageln der Hände und Füße Jesu ans Kreuz beziehen.[18]

[18] Die Bedeutung des in Vers 17 gebrauchten Verbs *rak* ist nicht ganz eindeutig, da diese Form sonst nicht vorkommt. Der Autor leitet es von *graben* ab, was möglich ist. Dieses Verb wird in Ps 40,7 für das Durchbohren eines Ohres verwendet. [Anm. d. Red.]

7. *Alle meine Gebeine könnte ich zählen.*

   Seine Knochen stehen hervor.

3. *Sie teilen meine Kleider unter sich, und über mein Gewand werfen sie das Los.*

In Vers 19 werden die Kleider des Messias unter seine Henker verteilt, indem das Los geworfen wird. Auch dieses erfüllte sich wörtlich bei Jesu Kreuzigung (Mt 27,35; Mk 15,24, Lk 23,34; Joh 19,23–24).

Alle eben aufgeführten Leiden müssen sich auf den Messias beziehen, weil offensichtlich keines davon je auf David zugetroffen hat.

Das Gebet des Messias um Hilfe

> 20Du aber, HERR, sei nicht fern! Meine Stärke, eile
> mir zu Hilfe! 21Errette vom Schwert meine Seele,
> meine einzige aus des Hundes Pranke! 22Rette mich
> aus dem Rachen des Löwen und von den Hörnern
> der Büffel! Du hast mich erhört.

Die Verse 20–22 sind noch einmal ein Hilfeschrei des Messias, während er noch am Kreuz hängt.

Die Erhöhung des Messias (Verse 23–32)

> 23Verkündigen will ich deinen Namen meinen Brü-
> dern; inmitten der Versammlung will ich dich loben.
> 24Ihr, die ihr den HERRN fürchtet, lobet ihn; alle
> Nachkommen Jakobs, verherrlicht ihn, und scheut
> euch vor ihm, alle Nachkommen Israels! 25Denn er
> hat nicht verachtet noch verabscheut das Elend des
> Elenden, noch sein Angesicht vor ihm verborgen;
> und als er zu ihm schrie, hörte er. 26Von dir (kommt)
> mein Lobgesang in großer Versammlung; erfüllen
> will ich meine Gelübde vor denen, die ihn fürchten.
> 27Die Sanftmütigen werden essen und satt werden;
> es werden den HERRN loben, die ihn suchen; leben
> wird euer Herz für immer. 28Es werden daran ge-
> denken und zum HERRN umkehren alle Enden der

> Erde; vor dir werden niederfallen alle Geschlechter
> der Nationen. 29Denn dem HERRN (gehört) das Kö-
> nigtum, er herrscht über die Nationen. 30Es aßen und
> fielen nieder alle Fetten der Erde; vor ihm werden
> sich beugen alle, die in den Staub hinabfuhren, und
> der, der seine Seele nicht am Leben erhalten konnte.
> 31Nachkommen werden ihm dienen; man wird vom
> Herrn erzählen einem Geschlecht, das kommen wird.
> 32Sie werden verkünden seine Gerechtigkeit einem
> Volk, das noch geboren wird, denn er hat es getan.

Das Leiden des Messias ist jetzt vollendet, und in den Versen 22b–32 tritt eine Wende ein: Sie sprechen von seiner Erhöhung.[19] In Vers 23 wird der Messias Gott in der Mitte der Versammlung preisen. Aber wie kann er das, wenn er zuvor starb? Ganz klar ist, dass dies nur durch die Auferstehung möglich sein kann. Der Rest des Psalms schildert dann weiter, was nach seiner Auferstehung geschieht. Es gipfelt schließlich in seinem zweiten Kommen und im Errichten seines Reiches.

Eine Bemerkung zu Vers 17

Einige möchten Vers 17 lieber übersetzen »meine Hände und Füße wie die eines Löwen«, anstelle von »sie haben meine Hände und Füße durchgraben«. Die erste Variante gründet sich auf den Masoretischen Text, letzterer auf die Septuaginta, einer griechischen Übersetzung des hebräischen Textes, die mehr als tausend Jahre älter ist und daher viel näher an den Urschriften. Es ist zwar zutreffend, dass der Schreiber verschiedene Tier-Motive verwendet, aber der Psalmist verwendet diese ausschließlich, um seine Feinde zu beschreiben – nicht jedoch sich selbst. Daher sprechen sowohl der Kontext als auch das Alter des hebräischen Textes, der hinter der Septuaginta steht, für die Verwendung des Begriffes »durchgraben«.

Psalm 22 lehrt:
In seiner tiefsten Agonie wird der Messias nach Gottes Hilfe schreien.
Der Messias wird ein verachtetes und verstoßenes Individuum sein.

[19] Vers 22b: »Du hast mich erhört.« [Anm. d. Red.]

In seinem Todeskampf wird der Messias angegafft und verspottet werden.
Die Knochen des Messias werden aus den Gelenken springen.
Das Herz des Messias wird brechen.
Der Messias wird einen außerordentlich großen Durst leiden.
Die Hände und Füße des Messias werden durchbohrt werden.
Die Kleider des Messias werden verteilt, und das Los wird darüber geworfen werden.
Im Augenblick des Todes wird der Messias auf Gott, den Vater, vertrauen.
Der Messias wird vom Tode auferweckt werden.

Psalm 80,18 – Der Mann zu deiner Rechten

> Deine Hand sei über dem Mann deiner Rechten, über dem Menschensohn, den du dir hast stark werden lassen.

Der ganze Psalm 80 handelt von der Rettung Israels als Nation, die kurz vor dem zweiten Kommen des Messias eintritt.[20] Israel fleht nun den Messias an, zurückzukommen; aber in diesem Gebet ist ein Vers besonders bedeutsam bezüglich des ersten Kommens des Messias. Es ist Vers 18, der tatsächlich eine Weiterentwicklung der Lehre von Psalm 110,1 ist, welcher eigentlich vorher studiert werden sollte.

Israel betet zu Gott um Rettung; und in Vers 18 ist derjenige, den sie bitten zu kommen und sie zu befreien, derjenige, der zur Rechten Gottes sitzt. In Psalm 110 wird uns gesagt, dass dies der Messias ist, der zur Rechten Gottes hinaufgestiegen ist, nachdem er verworfen worden war.

Der Titel, der dem Messias in Vers 18 gegeben wird, ist »Menschensohn«. Dies ist ein sehr häufiger messianischer Titel im Neuen Testament, vor allem im Lukasevangelium.

Um die Lehre von Psalm 110,1 zu wiederholen: Weil der »Menschensohn« zur rechten Hand Gottes sitzt, muss er Gott gleich sein, und daher haben wir einen weiteren Vers, der bestätigt, dass der Messias ein Gott-Mensch sein muss.

---

[20] Siehe A. G. Fruchtenbaum, a. a.Ö.,S. 296–297.

Psalm 80,18 lehrt:
Der Messias wird zur rechten Hand Gottes, des Vaters, sitzen.
Der Messias muss Gott gleich sein, um zu seiner Rechten sitzen zu können.
Der Messias muss daher sowohl Gott als auch Mensch sein.

Psalm 110 – Ein Priester nach der Weise Melchisedeks

> 1Von David. Ein Psalm. Spruch des HERRN für meinen Herrn: Setze dich zu meiner Rechten, bis ich deine Feinde gemacht habe zum Schemel deiner Füße! 2Den Stab deiner Macht wird der HERR aus Zion ausstrecken. Herrsche inmitten deiner Feinde! 3Dein Volk ist (voller) Willigkeit am Tage deiner Macht. In heiliger Pracht, aus dem Schoß der Morgenröte habe ich dich wie Tau gezeugt. 4Geschworen hat der HERR, und es wird ihn nicht gereuen: »Du bist Priester in Ewigkeit nach der Weise Melchisedeks!« 5Der Herr zu deiner Rechten zerschmettert Könige am Tag seines Zorns. 6Er wird richten unter den Nationen, er füllt (Täler) mit Leichen. Das Haupt über ein großes Land zerschmettert er. 7Auf dem Weg wird er trinken aus dem Bach, darum wird er das Haupt erheben.

Psalm 110 gehört zur vierten Kategorie der messianischen Prophetie[21], d.h. er umfasst das gesamte messianische Programm. In seinen sieben kurzen Versen schließt er alle vier Perioden des messianischen Programms ein: das erste Kommen, die Zwischenzeit, das zweite Kommen und das messianische Königreich. Der Psalm lässt sich in drei Teile gliedern.[22]

Erste Strophe (Verse 1–2)

Wir sollten zuerst feststellen, dass der Psalmist hier David ist. David war König über das ganze Land Israel. Er gründete ein

---

[21] Siehe Einleitung.
[22] In der hebräischen Dichtung auch »Strophen« genannt.

jüdisches Imperium, indem er die umliegenden Nationen unterwarf und von ihnen Tribut einzog. David hatte keinen menschlichen Herrn. Es gab keine Autorität über ihm außer Jahwe selbst. Und doch spricht David in Vers 1 des Psalms von zwei Herren: »Der HERR (Jahwe) sagte zu meinem Herrn ...« David spricht also hier von zwei Persönlichkeiten, von Jahwe und von »meinem Herrn«. Aber wer könnte dieser »mein Herr« sein, wo doch David keinen menschlichen Oberherrn hatte? Die einzige Möglichkeit, diesen Vers zu verstehen ist die, dass man Jahwe als Gott, den Vater, ansieht und Davids Herrn als den Messias. Daher ist es der Messias, der hier eingeladen wird, sich zur Rechten Gottes zu setzen. Was wir hier haben, ist eine Prophetie, die bei Jesu Auffahrt von der Erde zum Himmel nach seiner Auferstehung erfüllt wurde, als er sein Erlösungswerk vollbracht hatte und sich zur Rechten seines Vaters setzte.

In dieser Prophetie ist auch implizit die Auffassung vom Gott-Menschen enthalten. Wir wissen nämlich aus 1. Könige 2 Vers 19, dass jemand, der zur Rechten des Königs sitzt, dem König ebenbürtig sein muss. Wenn ein König auf Staatsbesuch bei einem anderen König war, dann pflegte er zur Rechten seines Gastgebers zu sitzen. Weil der Messias von Gott aufgefordert wird, sich zu seiner Rechten zu setzen, folgt daraus, dass der Messias Gott ebenbürtig sein muss.

Was seine Menschheit betrifft, so muss der Messias ein Nachkomme Davids sein; aber auf Grund seiner Gottheit kann er zur Rechten Gottes sitzen. Er muss dort eine Zeit lang sitzen, nämlich »bis ich deine Feinde gemacht habe zum Schemel deiner Füße«. Diese Aussage setzt das erste Kommen sowie die Ablehnung des Messias voraus. Das erste Kommen geschieht unter feindseligen Umständen, und in Vers 2 wird gesagt, dass die Feinde von Vers 1 in Zion selbst sind. Weil das erste Kommen abgelehnt wurde, wird der Messias aufgefordert, eine Zeit lang sich zur Rechten Gottes niederzusetzen, bis sich seine Feinde ihm unterwerfen. Dieser Gedanke ist in Psalm 80 weiterentwickelt.

Zweite Strophe (Verse 3–4)

Hier finden wir den erwarteten Wandel in den Herzen der Feinde des Messias. Wenn der Messias ein zweites Mal kommt, am Tag seiner Macht, wird sein Volk bereit und willig sein.

Dann wird in Vers 4 eine neue und sehr wichtige Aussage bezüglich des Messias gemacht: Er wird Priester sein nach der Weise des Melchisedek. Nach 1. Mose 14 konnte ein Priester nach der Weise Melchisedeks beides sein: Priester und König. Das war vor der Zeit des Mose. Unter dem mosaischen Gesetz war das nicht mehr möglich. Das Gesetz des Mose legte fest, dass alle Priester vom Stamme Levi sein mussten. Es ist also klar, dass notwendigerweise das Gesetz des Mose und die levitische Ordnung aufgehoben werden müssen, damit diese Prophetie erfüllt werden kann.

Das Neue Testament lehrt ganz klar, dass mit dem Tode Jesu das Gesetz des Mose außer Kraft gesetzt worden ist (indem er es erfüllte), und dass es durch das Gesetz Christi ersetzt wurde. Unter dem neuen Gesetz Christi wird die Ordnung des Melchisedek anstelle der levitischen Ordnung eingesetzt, und so ist der Messias in der Tat Priester und König. Vers 4 stellt fest, dass das Priestertum und das Königtum des Messias ewig sein werden.

Dritte Strophe (Verse 5–7)

Diese Strophe handelt vom zweiten Kommen und gehört somit nicht in den Rahmen dieser Untersuchung.

Psalm 110 lehrt:
Der Messias wird sowohl Priester als auch König sein, nach der Weise des Melchisedek.
Der Messias wird Gott und Mensch sein müssen. Um ein Priester zu sein, muss er ein Mensch sein, aber um zur Rechten Gottes zu sitzen, muss er Gott ebenbürtig sein.
Das erste Kommen des Messias wird abgelehnt werden.
Nach seiner Ablehnung wird der Messias in den Himmel hinaufsteigen.
Nach seiner Himmelfahrt wird der Messias sich zur Rechten Gottes niedersetzen.
Der Messias wird wiederkommen, wenn Israel ihn annimmt.

Sprüche 30,4 – Der Name des Sohnes Gottes

> Wer ist hinaufgestiegen zum Himmel und herabgefahren? Wer hat den Wind in seine Fäuste gesammelt? Wer hat die Wasser in ein Tuch eingebunden? Wer hat aufgerichtet alle Enden der Erde? Was ist sein Name und was der Name seines Sohnes, wenn du es weißt?

Die Worte Agurs in Sprüche 30 beinhalten ein Rätsel. Das Rätsel besteht aus sechs Fragen, von denen die ersten vier rhetorisch sind. Die Antworten darauf sind offensichtlich, weil nur Gott diese Dinge machen konnte. Die fünfte Frage ist auch leicht zu beantworten, weil der Name Gottes den Menschen schon lange bevor das Buch der Sprüche geschrieben wurde, geoffenbart war. Der Name Gottes, Jahwe (JHWH), wird in modernen Übersetzungen meist als HERR wiedergegeben.

Die sechste Frage ist kompliziert: »Was ist der Name seines Sohnes?«

Wir haben schon gezeigt, dass die hebräische Heilige Schrift offenbart, dass Gott einen Sohn hat. Das wurde zweimal in Psalm 2 festgestellt. Und hier steht es noch einmal. Was aber nicht offenbart wird, ist der Name dieses Sohnes (daher dieses neckende »wenn du es weißt«). Zu diesem Zeitpunkt der fortschreitenden (progressiven) Offenbarung konnte noch niemand seinen Namen wissen. Erst im Neuen Testament wird sein Name als Jesus geoffenbart – »kein anderer Name unter dem Himmel ist den Menschen gegeben, in dem wir errettet werden müssen« (Apg 4,12). Sein Name ist jetzt geoffenbart.

Sprüche 30,4 lehrt:
Der Messias, er allein, wird der Sohn Gottes sein.

Daniel 9 – Der messianische Zeitplan

> (...) 20Während ich noch redete und betete und meine Sünde und die Sünde meines Volkes Israel bekannte und mein Flehen für den heiligen Berg meines Gottes vor den HERRN, meinen Gott, hinlegte –
> 21und während ich noch redete im Gebet, da, zur Zeit

> des Abendopfers, rührte mich der Mann Gabriel an, den ich am Anfang im Gesicht gesehen hatte, als ich ganz ermattet war. 22Und er wusste Bescheid, redete mit mir und sagte: Daniel, jetzt bin ich ausgegangen, um dich Verständnis zu lehren. 23Am Anfang deines Flehens ist ein Wort ergangen, und ich bin gekommen, um (es dir) mitzuteilen. Denn du bist ein Vielgeliebter. So achte nun auf das Wort und verstehe die Erscheinung: 24Siebzig Wochen sind über dein Volk und über deine heilige Stadt bestimmt, um das Verbrechen zum Abschluss zu bringen und den Sünden ein Ende zu machen und die Schuld zu sühnen und eine ewige Gerechtigkeit einzuführen und Gesicht und Propheten zu versiegeln, und ein Allerheiligstes zu salben. 25So sollst du denn erkennen und verstehen: Von dem (Zeitpunkt an, als das) Wort erging, Jerusalem wiederherzustellen und zu bauen, bis zu einem Gesalbten, einem Fürsten, sind es sieben Wochen und 62 Wochen[23]; es werden Platz und Stadtgraben wiederhergestellt und gebaut sein, und zwar in der Bedrängnis der Zeiten. 26Und nach den 62 Wochen wird ein Gesalbter ausgerottet werden und wird keine (Hilfe) finden. Und das Volk eines kommenden Fürsten wird die Stadt und das Heiligtum zerstören, und sein Ende ist in einer Überflutung; und bis zum Ende ist Krieg, fest beschlossene Verwüstungen. 27Und stark machen wird er einen Bund für die Vielen, eine Woche lang; und zur Hälfte der Woche wird er Schlachtopfer und Speisopfer aufhören lassen. Und auf dem Flügel von Gräueln (kommt) ein Verwüster, bis festbeschlossene Vernichtung über den Verwüster ausgegossen wird.

Weit mehr als jedes andere Buch der hebräischen Heiligen Schrift konfrontieren uns die Schriften des Propheten Daniel mit Anhaltspunkten für die Zeit des Kommens des Messias – Beweis-

[23] In Vers 25 ist es nicht leicht zu entscheiden, wo man die Satzzeichen setzen soll; daher gibt es unterschiedliche Übersetzungen und Interpretationen. Wir sind hier der englischen NASB-Übersetzung gefolgt; in der Elberfelder Übersetzung steht: »sieben Wochen. Und 62 Wochen (lang) werden Platz und Stadtgraben wiederhergestellt ...« [Anm. d. Red.]

material, das viele Menschen lieber nicht sehen möchten. Aber es ist da und kann nicht ignoriert werden. Dass Daniel wirklich ein Prophet war, das ist gut untermauert: Er beschrieb genau den Aufstieg des medo-persischen, des griechischen und des römischen Reiches, und das zu einer Zeit, als das babylonische Weltreich, das allen voranging, auf seinem Höhepunkt war. Er sagte ganz genau die Schicksale, Konflikte, Kriege und Verschwörungen der beiden Königreiche Syrien und Ägypten voraus, die entstanden, als das griechische Weltreich zerbrach, sowie die Eroberung durch Rom. Er prophezeite die Rolle der Makkabäer in dieser Zeit. Weil Daniel in seinen Prophetien die Details so genau schildert, war dies für viele Kritiker der Grund zu versuchen, die Entstehung des Buches Daniel in eine spätere Zeit anzusetzen. Dabei konnte kein Beweis entdeckt werden, der dagegen spricht, dass das Buch zu der Zeit geschrieben worden ist, die es selbst angibt. Das Buch war spätestens um 530 v. Chr. vollendet.

Die Schlüsselprophetien, die uns in dieser Untersuchung interessieren, befinden sich in Dan 9 Vers 24 bis 27. Es ist aber sinnvoll, sich einen Überblick über das ganze Kapitel zu verschaffen, um zu sehen, was eigentlich diese Prophetie darüber, wann der Messias kommen würde, auslöste.

Der Hintergrund (Verse 1–2)

Das Datum von Daniels Prophetie ist »das erste Jahr des Darius«, das heißt das Jahr 539 v. Chr., etwa 66 oder 67 Jahre, nachdem die ersten Juden nach Babylon ins Exil gehen mussten.

Daniel schreibt, dass er zu dieser Zeit die Heiligen Schriften studierte. Und aus dem Studium dieser Schriften gewann er die Erkenntnis, dass die Anzahl der Jahre, nach denen die Verwüstung Jerusalems beendet werden sollte, fast erreicht war, weil sie 70 Jahre dauern sollte. Daniel erwähnt, dass er Bücherrollen studierte, und wir können sehen, dass er zum einen die Schriften Jeremias studiert hat. Das Leben von Jeremia und Daniel überschnitt sich in gewissem Maße. Bei zwei Gelegenheiten (Jer 25,10–14 und 29,10–14) sagte Jeremia, dass die Gefangenschaft und die Verwüstung Jerusalems 70 Jahre dauern werde. Welche anderen Bücher Daniel studiert haben mag, wissen wir nicht genau. Aber es ist möglich, dass er auch das Buch Jesaja studiert hat, weil Jesaja in der Tat Kyrus mit Namen nannte, als den, der den Juden erlauben würde zurückzukehren (Jes 44,28 – 45,1). Weiterhin gibt es andere Schriftstellen bei Mose und den Propheten, die einige spezifische Bedingungen für die Errichtung des messianischen Reiches angeben, und Daniel mag einige davon auch angeschaut haben (3Mos 26,40–43; 1Kön 8,46–53; Jer 3,12–18; Hos 5,15 – 6,3). Diese Stellen sagen mit Nachdruck, dass Israel als Nation Buße tun und seine Sünde bekennen muss, bevor irgendein Königreich des Messias errichtet werden kann.

Als er die 70 Jahre vom Jahr 605 (als die ersten Juden ins Exil gingen) an ausrechnete, merkte er, dass dies das Ende der 70 Jahre für das Jahr 536 v. Chr. bringen würde. Daniel erkannte, dass die Gefangenschaft nur noch drei Jahre dauern würde.

Aber Daniel erwartete nicht nur, dass die Gefangenschaft zu Ende gehen würde, er erwartete auch eine endgültige Beendigung jeglicher Möglichkeit einer zukünftigen Verwüstung Jerusalems. Er handelte so, als stehe das messianische Königreich unmittelbar bevor: Da das Reich Gottes auf der Grundlage von Gebet errichtet werden sollte, betete er. Und weil er erkannte, dass die Vorbedingung für das Kommen des Reiches das Bekenntnis der nationalen Sünde war, bekannte er die Sünden Israels.

Daniels Gebet (Verse 3–19)

Daniels ausführliches Gebet kann man in zwei Teile gliedern. Der erste (Verse 3–14) ist das Sündenbekenntnis. Daniel gibt beides zu, Sünde und Schuld, in die man auf zwei Weisen geraten ist: erstens durch Ungehorsam dem Gesetz des Mose gegenüber und zweitens durch Ungehorsam gegenüber den Propheten, die nach Mose kamen. Daniel verneinte weder die Sünde seiner Nation noch seine eigene Sünde, und durch den Gebrauch des Pronomens »wir« hat sich Daniel vollkommen mit dem ganzen jüdischen Volk und seinen Sünden identifiziert. Er sah Sünde nicht bloß als eine schlechte Gewohnheit, sondern als etwas, das im Volk tief verwurzelt war und göttliches Gericht über es gebracht hatte. Dieser Ungehorsam dem Gesetz und den Propheten gegenüber war die Ursache für Israels »Beschämung des Angesichts«, eine Redewendung, die aussagt, dass Israel ein Bewusstsein für seine Schande bekam. Und dies führte auch zu einem Bedürfnis nach Vergebung. Hier bekennt Daniel, dass bei Gott Erbarmen und Vergebung ist, und dass Vergebung notwendig war. Daniel schloss den ersten Teil seines Gebetes mit einer Beschreibung der Bestrafung von Sünde und Schuld. Diese Bestrafung, die Gefangenschaft in Babylon, bestätigte die Worte der Propheten, die sie vorhergesagt hatten, und bestätigte das Gesetz des Mose, das lehrt, göttliches Gericht werde die Folge von Ungehorsam sein.

Der zweite Teil des Gebetes (Verse 15–19) ist ein Flehen um Erbarmen. Daniel machte die Gerechtigkeit zur Grundlage seines Flehens – nicht Israels, sondern Gottes Gerechtigkeit. Er flehte auch um Erbarmen auf der Grundlage von Gottes Gnade, denn Israel hatte kein Erbarmen verdient. Aber der Gnade Gottes war (und ist) es möglich, sich trotzdem zu erbarmen. Und außerdem verpflichtete die Gerechtigkeit Gottes ihn, seine Verheißungen zu erfüllen: Daher sollte er dies am Ende der Periode von 70 Jahren auch tun. Der Schluss von Daniels Gebet ist sehr dramatisch: »Herr, höre! Herr, vergib! Herr, merke auf und handle! Zögere nicht, um deiner selbst willen, mein Gott! Denn dein Name ist über deiner Stadt und deinem Volk genannt worden.«

Die Ankunft Gabriels (Verse 20–23)

Während Daniel noch seine Bitten vortrug, wurde er unterbrochen. Er hatte offensichtlich beabsichtigt, noch mehr zu sagen, als Gabriel erschien. Die Unterbrechung geschah durch eine Berührung durch die Hand des Engels »zur Zeit des Abendopfers«. Dies bezieht sich auf das tägliche regelmäßige Abendopfer, das dargebracht wurde, als der Tempel noch stand. Obwohl es seit 586 nicht mehr dargebracht wurde, zeigte Daniel seine Sehnsucht nach der Heimkehr aus der Gefangenschaft und nach dem Wiederaufbau des Tempels dadurch, dass er sich an das Opfer erinnerte.

Gabriel sagte zu Daniel, dass der Zweck seines Besuches erstens darin lag, Daniels Missverständnisse bezüglich der Zeit, wann das messianische Königreich errichtet werden würde, zu korrigieren, und zweitens, Gottes Offenbarung zu zeigen, welche einen Zeitplan für das Kommen des Messias enthält.

Die Bestimmung der 70 Siebener (Vers 24a)

Gabriels Prophetie an Daniel begann mit den Worten: »Siebzig Siebener sind über dein Volk und über deine heilige Stadt bestimmt ...«

In vielen Übersetzungen liest man »siebzig Wochen«. Aber diese Übersetzung ist nicht ganz genau und hat einige Verwirrung über die Bedeutung dieses Abschnittes gestiftet. Die meisten Juden kennen das Wort für »Wochen«, weil sie das Wochenfest feiern, das auf Hebräisch *shawuot* heißt. Das Wort, das aber in unserem Text erscheint, ist *shawuim*, was Siebener bedeutet. Das Wort bezieht sich auf einen Siebener von irgendetwas, und erst der Zusammenhang zeigt, wovon.

Hier ist offensichtlich, dass Daniel an Jahre dachte – besonders an die 70 Jahre der Gefangenschaft. Daniel hatte sowohl angenommen, dass die Gefangenschaft nach 70 Jahren enden würde, als auch dass das Königreich nach 70 Jahren errichtet werden würde. Aber hier bediente sich Gabriel eines Wortspiels im hebräischen Text, indem er deutlich machte, dass in Bezug auf das messianische Königreich es nicht »70 Jahre« waren, sondern »70 Siebener von Jahren«, also 490 Jahre (70 mal 7).

Diese Periode von 490 Jahren war über das jüdische Volk und über die heilige Stadt Jerusalem »bestimmt« worden. Das hebräische Wort, das mit »bestimmt« übersetzt wird, bedeutet wörtlich »abschneiden« oder »festsetzen«. In den Kapiteln 2, 7 und 8 hat Gott Daniel den Verlauf der zukünftigen Weltgeschichte offenbart, in der Heiden eine beherrschende Rolle über das jüdische Volk haben würden. Diese lange Periode, die mit dem babylonischen Reich begann und bis zur Errichtung des messianischen Königreiches dauern sollte, wird aus diesem Grunde oft als »die Zeit der Heiden« bezeichnet. Hier aber wird dem Propheten gesagt, dass ein Total von 490 Jahren aus der Zeit der Heiden »herausgeschnitten« wird, und dass eine Periode von 490 Jahren »bestimmt« oder »festgesetzt« worden ist für die endgültige Wiederherstellung Israels und die Errichtung des messianischen Königreiches.

Im Brennpunkt dieses Programms der 70 Siebener steht »dein Volk und ... deine heilige Stadt«. Das »Volk« ist Daniels Volk, das jüdische Volk, und die Stadt ist Daniels Stadt, Jerusalem. Obgleich er die größte Zeit seines Lebens in der Stadt Babylon verbracht hatte, war Jerusalem immer noch Daniels Stadt. Für Juden ist ihre Stadt immer Jerusalem und keine andere, ganz gleich, ob sie sich im Land selbst oder außerhalb des Landes befinden.

Der Zweck der 70 Siebener (Vers 24b)

Daniel wurde als nächstes von Gabriel gesagt, dass die 70 Siebener sechs Zwecke erfüllen müssen.

Der erste liegt darin, das Verbrechen zum Abschluss zu bringen. Das hier mit »zum Abschluss bringen« übersetzte hebräische Wort bedeutet »kräftig zurückhalten«, »austilgen« oder »zur Vollendung bringen«. Das mit »Verbrechen« übersetzte hebräische Wort ist ein sehr starkes Wort für Sünde und geht der Wortbedeutung nach mehr in die Richtung von »Rebellion«. Der hebräische Text hat dieses Wort hier mit dem bestimmten Artikel, so dass es wörtlich bedeutet: »*das* Verbrechen« oder »*die* Rebellion«. Die Kernaussage ist daher, dass ein spezifischer Akt der Rebellion endlich vollkommen unter Kontrolle und zu einem Ende gebracht wird. Dieser Akt der Rebellion oder diese Übertretung soll unter vollständige Kontrolle kommen, so dass sie nicht mehr weiter erfolgreich sein kann. Israels Apostasie[24] muss jetzt kräftig Einhalt geboten werden, was mit einer ähnlichen Vorhersage in Jesaja 59,20 in Übereinstimmung steht.

Der zweite Zweck der 70 Siebener ist, den Sünden ein Ende zu machen. Das hebräische Wort, das hier mit »ein Ende machen« übersetzt wird, bedeutet wörtlich »versiegeln«. Das mit »Sünden« übersetzte hebräische Wort bedeutet wörtlich »das Ziel verfehlen«. Es bezieht sich eher auf die Sünden des täglichen Lebens als auf eine spezifische Sünde. Auch diesen Sünden muss ein Ende gemacht werden, und sie müssen weggenommen werden. Auch das ist ganz in Übereinstimmung mit den Vorhersagen der Propheten, die verkünden, dass im messianischen Königreich das Sündigen von Israel weichen wird (Jes 27,9; Hes 36,25–27; 37,23; Jer 31,31–34).

Der dritte Zweck liegt darin, die Schuld zu sühnen. Das hebräische Wort, das mit »sühnen« oder »versöhnen« übersetzt wird, ist *kaphar* und hat dieselbe Wurzel wie *kippur*, das wir aus

---

[24] Apostasie = Abfall vom Glauben.

»Jom Kippur«, dem Versöhnungstag, kennen. Das Wort *kaphar* bedeutet eigentlich »sühnen«. Der dritte Zweck ist also, irgendwie Sühne zu erwirken für die Schuld. Und tatsächlich werden durch diese Sühne die ersten beiden Zwecke erreicht, nämlich dass das Verbrechen zum Abschluss gebracht wird und dass den Sünden ein Ende gemacht wird. Das mit »Schuld« übersetzte Wort bezeichnet (u.a.) inwendige Sünde. Diese ist manchmal als »sündige Natur« bezeichnet worden oder mit einem im jüdischen Volk vielleicht gebräuchlicheren Ausdruck als *jetzer hara*, »die böse Neigung«.

Der vierte Zweck der 70 Siebener ist es, ewige Gerechtigkeit einzuführen. Genauer sollte es übersetzt werden, »um ein Zeitalter der Gerechtigkeit zu bringen«, weil das hebräische *olam* besser mit »Zeitalter« als mit »ewig« übersetzt wird. Dieses Zeitalter der Gerechtigkeit muss das messianische Königreich sein, von dem in den Propheten gesprochen wird (Jes 1,26; 11,2–5; 32,17; Jer 23,5–6; 33,15–18). Es ist genau dieses Zeitalter, dessen Errichtung Daniel nach den 70 Jahren der Gefangenschaft zu sehen erwartete. Aber jetzt wird ihm gesagt, dass dies erst nach der 490-Jahre-Periode sein wird.

Der fünfte Zweck ist, Gesicht und Propheten zu versiegeln. Hier bedeutet »versiegeln« so viel wie »bewirken, dass etwas aufhört« oder »völlig erfüllen«. Also müssen Vision und Prophezeiungen vollständig erfüllt sein. »Gesicht« bezieht sich auf mündliche Prophetie, wogegen »Propheten« sich auf niedergeschriebene Prophetie bezieht. Beides, mündliche und schriftliche Prophetie, wird mit der endgültigen Erfüllung aller Offenbarungen aufhören.

Der endgültige Zweck der 70 Siebener ist es, das Allerheiligste zu salben. Eine bessere Übersetzung wäre hier: »um einen allerheiligsten Ort zu salben«. Dies bezieht sich auf den jüdischen Tempel, der wieder aufgebaut werden soll, wenn der Messias kommt. Dies ist derselbe Tempel, den Daniels Zeitgenosse Hesekiel in vielen Einzelheiten beschrieben hat (Hes 40 – 48).

Der Beginn der 70 Siebener (Vers 25a)

Daniel wurde ganz deutlich gesagt, wann der Countdown für diese 70 Siebener beginnen wird. Gabriel sagte: »So sollst du denn erkennen und verstehen: Von dem (Zeitpunkt an, als das)

Wort erging, Jerusalem wiederherzustellen und zu bauen …« Die 70 Siebener werden also mit einem Dekret beginnen, das den Wiederaufbau der Stadt Jerusalem beinhaltet. Nicht alles in der persischen Chronologie ist so klar, wie wir es gerne hätten, und deswegen gibt es immer noch einige Lücken in unserem Geschichtswissen. Aber aus den biblischen und historischen Berichten, die wir besitzen, können wir vier mögliche Antworten auf die Frage geben, von welchem Dekret hier die Rede ist.

Eines ist das Dekret des Kyrus, das irgendwann zwischen 538 und 536 v. Chr. erlassen wurde, und das den Wiederaufbau des Tempels (2Chr 36,22–23; Esr 1,1–4; 6,1–5) und der Stadt Jerusalem betraf (Jes 44,28; 45,13). Eine andere Möglichkeit ist das Dekret von Darius Hystaspes (Esr 6,6–12), das 521 v. Chr. erlassen wurde; es war eine Bestätigung des Dekrets von Kyrus. Die dritte Möglichkeit ist das im Jahr 458 v. Chr. für Esra ausgestellte Dekret von Artaxerxes (Esr 7,11–26), das die Erlaubnis enthielt, den Tempeldienst fortzusetzen. Die letzte Möglichkeit ist das 444 v. Chr. ausgestellte Dekret des Artaxerxes für Nehemia (Neh 2,1–8). Dieses Dekret betraf ganz besonders den Wiederaufbau der Mauern rund um Jerusalem. Von diesen vier Möglichkeiten sind nur die erste und die vierte für die Erfüllung von Gabriels Worten an Daniel gültig. Für unseren Zweck ist es nicht nötig, an dieser Stelle die verschiedenen Argumentationen für jede Möglichkeit durchzugehen, aber eins ist sicher: Spätestens im Jahr 444 v. Chr. hat der Countdown begonnen.

Die ersten 69 Siebener (Vers 25b)

Die 70 Siebener sind in drei voneinander getrennte Einheiten unterteilt – in sieben Siebener, 62 Siebener und einen Siebener. Während der ersten Periode (49 Jahre) wird Jerusalem wieder aufgebaut werden mit »Platz und Stadtgraben … und zwar in der Bedrängnis der Zeiten«. Der zweite Zeitblock (62 Siebener, 434 Jahre) wird unmittelbar auf den ersten Block folgen. Das sind insgesamt 69 Siebener oder 483 Jahre.

Nun wird uns gesagt, dass der Endpunkt dieser 69 Siebener gesetzt ist: »bis zu einem Gesalbten, einem Fürsten«. Klarer hätte Daniel es gar nicht ausdrücken können. Er lehrte, dass 483 Jahre nach dem Erlass des Dekretes, Jerusalem wieder aufzubauen, der Messias hier auf der Erde sein würde.

Die offensichtliche Folgerung ist diese: Wenn der Messias nicht 483 Jahre nach einem Dekret, Jerusalem wieder aufzubauen, auf der Erde sein würde, dann wäre Daniel ein falscher Prophet und sein Buch hätte in den hebräischen Schriften der Bibel nichts zu suchen. Aber wenn Daniel recht hatte und seine Prophetie sich erfüllte, wer ist dann der Messias, von dem er spricht?

Die Ereignisse zwischen dem 69. und 70. Siebener (Vers 26)

Während die zweite Einheit der 70 Siebener unmittelbar auf die erste Periode folgen wird, wird die dritte nicht unmittelbar der zweiten folgen. Daniel weist in Vers 26 darauf hin, dass drei Dinge nach diesem zweiten Zeitabschnitt und vor dem dritten eintreten werden.

Wenn wir uns in der Zeit zurückbewegen und aus Daniels Perspektive in Vers 26 in die Zukunft schauen, dann sehen wir zuerst, dass der »Messias ausgerottet wird und nichts haben wird«. Das mit »ausgerottet« übersetzte hebräische Wort wird oft im Gesetz des Mose verwendet und bedeutet einfach »getötet werden«. Der Unterton bei diesem Begriff ist der, dass der Messias nicht nur getötet wird, sondern dass er auf Grund eines Urteils einen Tod durch Exekution erleiden wird. Der hebräische Ausdruck »und er wird nichts haben« hat zwei Bedeutungen. Es kann »nichts« bedeuten und den Status des Messias bei seinem Tod bezeichnen. Es kann aber auch übersetzt werden mit »aber nicht für sich selbst«, und die Bedeutung wäre dann, dass er für andere starb und nicht so sehr für sich, also einen stellvertretenden Tod. Die letztere Bedeutung würde viel eher mit dem übereinstimmen, was die Propheten über den Grund für den Tod des Messias zu sagen hatten (z. B. Jes 53,1–12). Die ersten drei Zwecke der 70 Siebener – das Verbrechen zum Abschluss zu bringen, den Sünden ein Ende zu machen und die Schuld zu sühnen – müssen durch eine Sühnung vollbracht werden. Das Gesetz des Mose schreibt vor, dass Sühnung durch Blut geschieht (3Mos 17,11). Es wird deutlich, dass der Tod des Messias »nicht für sich selbst«, sondern für andere, das Mittel sein wird, durch das Israels Verbrechen, Sünden und Schuld gesühnt werden. Die Kernaussage dieses Satzes ist, dass zwischen dem Ende der zweiten Periode (der 69 Siebener also) und dem Beginn des 70. Siebeners der Messias getötet werden wird und den Tod als Strafe, als stellvertretenden Tod, erleiden wird.

Zweitens wird während dieser Zwischenzeit auch geschehen, dass »das Volk eines kommenden Fürsten die Stadt und das Heiligtum zerstören wird, und sein Ende ist in einer Überflutung (oder wie eine Flut) ...« Die Stadt und der Tempel, die auf Grund des Dekretes, mit dem die 70 Siebener begannen, wieder aufgebaut werden sollen, die werden dann zerstört werden. Einige Zeit, nachdem der Messias ausgerottet werden wird, werden Jerusalem und der Tempel eine weitere Zerstörung erleiden. Unsere Kenntnisse der Geschichte jener Periode sind außerordentlich klar: Das für diese Tat verantwortliche Volk waren die Römer, und Jerusalem und der Tempel wurden im Jahre 70 n. Chr. zerstört. Gestützt auf diesen Vers wird auch klar, dass der Messias vor dem Jahr 70 n. Chr. gekommen und gestorben sein muss. Wenn das nicht geschehen wäre, wäre Daniel ein falscher Prophet. Wenn ein solches Ereignis aber eingetreten ist, dann muss die Frage beantwortet werden, wer denn der Messias war, der vor 70 n. Chr. getötet wurde?

Und das Dritte, das beachtet werden muss, ist: »und bis zum Ende ist Krieg, fest beschlossene Verwüstungen«. Für den übrigen Zeitraum zwischen dem 69. Siebener und dem 70. Siebener soll das Land gekennzeichnet sein durch Krieg, und das Ergebnis davon wird Verwüstung sein. All dies wird dann die Bühne für das Finale, für den 70. Siebener, vorbereiten.

Der 70. Siebener (Vers 27)

Von unserem Standpunkt in der Geschichte aus gesehen sind die letzten sieben Jahre von Daniels Prophetie noch prophetisch, noch in der Zukunft, aber mit ihrer Erfüllung werden alle sechs Zwecke von Vers 24 verwirklicht. Die Hauptaussagen des Verses sind Folgende: Erstens wird der 70. Siebener erst dann beginnen, wenn ein Siebenjahres-Bündnis oder ein Vertrag zwischen Israel und einem politischen Führer einer größeren nicht-jüdischen Macht unterzeichnet wird. Das Pronomen »er« in Vers 27 bezieht sich auf die nächststehende Bezugsperson, und das ist nicht der Messias, sondern »der kommende Fürst«. Dieser politische Fürst ist bei den Christen besser bekannt unter der Bezeichnung »Antichrist«.

Zweitens: In der Mitte dieser Periode, das heißt nach 3 1/2 Jahren, wird dieser Führer der Heiden seinen Vertrag mit Israel brechen und bewirken, dass das Opfersystem eingestellt wird. Voraussetzung dafür ist, dass zu dieser Zeit wieder ein Tempel in Jerusalem errichtet und das Opfersystem Moses eingeführt worden ist. Dann aber wird es mit Gewalt beendet.

Drittens: Das Ergebnis des Bruchs dieses Bündnisses wird sein, dass der Tempel durch einen Gräuel verunreinigt sein wird. Dieser Gräuel bezieht sich auf eine Statue oder ein Götzenbild. Wie es in den Tagen des Antiochus Epiphanes war, so wird es in Zukunft wieder sein, wenn ein heidnischer Führer den Tempel durch Götzendienst entweihen wird.

Viertens: Auf diese Entweihung muss in der restlichen Hälfte des 70. Siebeners (den letzten 3 1/2 Jahren) Zorn und Verwüstung folgen, Verfolgung und Krieg. Dies erinnert an die Prüfungen und Trübsale, von denen die Rabbis gesprochen haben, dass sie die Vorbereitung für die Errichtung des messianischen Reiches seien. Diese schrecklichen Tage werden als »die Fußstapfen des Messias« bezeichnet. Aber wenn dann diese schrecklichen Dinge ihren Lauf genommen haben, werden die letzten drei der in Vers 24 vorhergesagten Dinge eintreten: Nach dieser Periode wird ein Zeitalter der Gerechtigkeit anbrechen, in dem das Allerheiligste gesalbt und jede Vision und Prophetie erfüllt werden wird. Zu diesem Zeitpunkt wird das messianische Königreich errichtet werden, nach dem der Prophet Daniel sich so sehr sehnte.

Ganz offensichtlich erfordert ein messianisches Königreich, dass der Messias als König herrscht. Das bedeutet, dass der Messias nach dem 70. Siebener kommen wird. Aber Daniel hatte doch vorher behauptet, dass der Messias kommen und nach dem 69. Siebener getötet werden würde. Das würde einen Widerspruch bedeuten, es sei denn, Daniel spräche von zwei Kommen des Messias. Das erste Kommen wäre dann nach dem 69. Siebener, wenn er als Verurteilter einen stellvertretenden Tod für die Sünden Israels sterben würde und dadurch die ersten drei in Vers 24 genannten Zwecke erfüllte. Das zweite Kommen wäre nach dem 70. Siebener (noch in der Zukunft), wenn er das messianische Königreich errichten und die drei letzten Dinge von Vers 24 bewirken würde.

Es gibt aber noch einen weiteren wichtigen Hinweis, den wir nicht übersehen dürfen: Der Messias wird nach seinem ersten Kommen getötet, aber er wird bei seinem zweiten Kommen lebendig sein. Das bedeutet, dass der Messias nach seiner Hinrichtung von den Toten auferweckt werden wird.

Schlussfolgerungen

Diese dramatische Prophetie zeigt gewisse Dinge in sehr klaren und unmissverständlichen Worten.

Erstens, dass der Messias 483 Jahre nach dem Erlass zum Wiederaufbau Jerusalems auf der Erde leben muss.

Zweitens, dass er nach dem Erscheinen auf der Erde getötet werden muss, aber nicht für seine eigenen Sünden, sondern für die Sünden anderer, und dass dieser Tod die Hinrichtung nach einem Prozess sein wird.

Drittens, dass der Tod des Messias eintreten muss, bevor Jerusalem und der Tempel wieder zerstört werden, also vor dem Jahre 70 n. Chr.

Viertens, dass irgendwann nach der Zerstörung Jerusalems und des Tempels, nach einer langen Zeit von Kriegen, der 70. Siebener beginnen wird. Wenn dieser seinen Lauf beendet hat, wird das messianische Königreich errichtet und ein Zeitalter der Gerechtigkeit beginnen. Damit das geschehen kann, wird vorausgesetzt, dass der Messias, der getötet worden war, wiederkommen wird.

Aber wer ist dieser Messias? – Ein einziger Mensch erfüllt alles, was diese Schriftstelle fordert. Jesus von Nazareth wurde in die jüdische Welt hineingeboren und verkündete seine Messianität 483 Jahre nach dem Erlass des Dekrets, Jerusalem wieder aufzubauen. Im Jahre 30 n. Chr. wurde Jesus durch Kreuzigung hingerichtet. Daniel deutete an, dass er sterben würde, nicht um seiner selbst, sondern um anderer willen. Auch in Jesaja 53 wurde der Tod des Messias prophezeit und darauf hingewiesen, dass er einen stellvertretenden Tod für sein Volk Israel sterben würde. Das Neue Testament lehrt, dass Jesus den Tod eines Verbrechers starb, indem er die Strafe des Gesetzes stellvertretend für sein Volk auf sich nahm. In Übereinstimmung mit Daniel 9,24 starb er, um Sünden zu sühnen. Drei Tage nach seinem Tod wurde er auferweckt. Und schließlich erklärt das Neue Testament, dass er eines Tages wiederkommen wird, um sein Reich und das Zeitalter der Gerechtigkeit aufzurichten.

Wenn Daniel Recht hat, dann kam der Messias und starb vor

dem Jahre 70 n. Chr. Wenn Daniel Recht hat, gibt es keine andere Antwort auf die Frage, wer der Messias ist, als diese: Jesus von Nazareth. Wenn Daniel Recht hat, dann muss dieser Jesus wiederkommen und das messianische Königreich aufrichten.

Daniel 9,24–27 lehrt:
Der Messias soll 483 Jahre nach dem Erlass, Jerusalem wieder aufzubauen, geboren werden.
Der Messias wird nach einer Gerichtsverhandlung hingerichtet werden.
Der Tod des Messias wird zu der Zerstörung Jerusalems und des Tempels führen.
Die Geburt und der Tod des Messias müssen daher vor 70 n. Chr. geschehen sein.

Andere Linien der Beweisführung

Die Pluralität Gottes[25]

»Höre Israel: Der HERR ist unser Gott, der HERR allein!«
(Schlachter: »... der Herr ist einer«)

Rabbi Stanley Greenberg vom Tempel Sinai in Philadelphia schreibt:

Christen haben selbstverständlich das Recht, an die Lehre der Trinität Gottes zu glauben. Ihre Anstrengungen, dieses Konzept anhand der hebräischen Bibel zu begründen, werden jedoch durch das überwältigende Zeugnis eben dieser Bibel zunichte gemacht. Die hebräischen Schriften sprechen klar und unzweideutig von der Einheit Gottes. Mit unmissverständlicher Klarheit bezeugt die hebräische Bibel das Einssein Gottes. Monotheismus, der kompromisslose Glaube an *einen* Gott, ist das Kennzeichen der hebräischen Bibel, der zweifelsfreie Grund des Judaismus und der unerschütterliche Glaube der Juden.

Ob nun Christen als Polytheisten oder als Tri-Theisten bezeichnet werden, oder ob man das christliche Konzept der Trinität als eine Spielart des Monotheismus auffasst – eine Aussage bleibt immer bestehen: Dreieinigkeit und Jude-Sein schließen sich aus. Auch wenn der christliche Glaube monotheistisch gesehen wird, so scheint er doch nicht genug monotheistisch zu sein, um sich als wahres Judentum zu qualifizieren. Greenbergs Artikel scheint dies vermitteln zu wollen. Er fährt fort, indem er schreibt:

... unter keinerlei Umständen kann das Konzept der Pluralität Gottes oder der Trinität Gottes jemals anhand der hebräischen Bibel begründet werden.

Es ist vielleicht das Beste, mit der Urquelle der hebräischen Theologie und der einzigen Verifikationsmöglichkeit zu beginnen: der

[25] An dieser Stelle geben wir nicht den Text des amerikanischen Originals wieder, sondern eine ähnliche Ausarbeitung von Dr. Fruchtenbaum, die wir für noch treffender halten. Übersetzung: Joachim Deubler. [Anm. d. Red.]

hebräischen Bibel. Wenn so viel von den hebräischen Schriften abhängt, dann sollten wir uns ihnen zuwenden.

Gottes Pluralität

Der Name Elohim

Im Allgemeinen wird Elohim als plurales Nomen mit der maskulinen pluralen Endung im gesehen. Genau das gleiche Wort Elohim, das in 1. Mose 1,1 (»Im Anfang schuf Gott die Himmel und die Erde«) für den einzig wahren Gott benutzt wird, findet sich ebenso in 2. Mose 20,3 (»Du sollst keine andern Götter haben neben mir«) und in 5. Mose 13,3 (»Lasst uns anderen Göttern … nachlaufen«). Obwohl der Gebrauch des Plurals Elohim noch keine Trinität beweist, öffnet es doch sicher die Tür zu einer Lehre von einer Pluralität in Gott, da es sowohl für den einen wahren Gott als auch für die vielen falschen Götter benutzt wird.

Plurale Verben im Zusammenhang mit Elohim

Praktisch alle hebräischen Gelehrten erkennen an, dass das Wort Elohim, für sich betrachtet, ein plurales Substantivum ist. Dennoch besteht bei ihnen das Verlangen, eine mögliche Pluralität in Gott aufgrund dieses Wortes abzulehnen. Ihre Argumentation verläuft gewöhnlich in der Art: Wird Elohim für den wahren Gott benutzt, dann folgt diesem Wort ein Verbum im Singular; wenn es die falschen Götter bezeichnet, dann folgt ein Verbum im Plural. Rabbi Greenberg bringt es wie folgt zum Ausdruck: »Das Verbum im einleitenden Vers von 1. Mose ist tatsächlich *bara* – ein Verb im Singular mit der Bedeutung von *er schuf*. Man muss kein profunder Kenner des Hebräischen sein, um zu erkennen, dass der Eingangsvers von Genesis in klarer Weise von *einem* Gott spricht.« Diese Aussage ist natürlich richtig. Die Bibel lehrt, dass Gott nur ein Gott ist und deshalb folgt im Allgemeinen – wenn von dem einen wahren Gott die Rede ist – auf des plurale Substantiv das Verb im Singular. Dennoch finden sich ebenso Stellen, die dieses Wort für den einen wahren Gott benutzen und das Verb im Plural folgen lassen:

1. Mose 20,13: »Und es geschah, als Gott (Elohim) mich aus meines Vaters Haus ziehen und umherirren lies …« (wörtlich: sie ließen mich ziehen).

1. Mose 35,7: »... denn dort hatte Gott (Elohim) sich ihm offenbart ...« (wörtlich: sie offenbarten sich).

2. Samuel 7,23: »... für die Gott (Elohim) hingegangen ist ...« (wörtlich: sie gingen).

Psalm 58,12: »... es gibt doch einen Gott (Elohim), der auf Erden richtet« (wörtlich: sie ... richten).

Der Name Eloah

Wäre die plurale Form von Elohim die einzige mögliche Form, von Gott zu reden, dann könnte dahingehend argumentiert werden, dass die Schreiber der hebräischen Schriften keine andere Alternative besaßen, als das Wort Elohim sowohl für den wahren Gott als auch für die vielen falschen Götter zu benutzen. Von Elohim gibt es jedoch den Singular: Eloah. Er wird in solchen Stellen wie 5. Mose 32,15–1 oder Habakuk 3,3 angeführt. Diese Singular-Form hätte ebenso konsistent verwendet werden können. Sie kommt jedoch nur 250 Mal zur Anwendung, während sich die Plural-Form 2 500 Mal finden lässt. Die viel größere Anzahl des Plurals spricht hier ebenso mehr für das Argument einer Pluralität Gottes als dagegen.

Plurale Pronomen

Ein anderes Argument hinsichtlich der hebräischen Grammatik ergibt sich aus der Tatsache, dass Gott oft, wenn er von sich spricht, das Plural-Pronomen benutzt: 1. Mose 1,26: »Und Gott (Elohim) sprach: ›Lasst uns Menschen machen in unserem Bild ... ‹« Er konnte damit kaum die Engel gemeint haben, denn der Mensch war nach dem Bilde Gottes geschaffen und nicht nach dem der Engel. Die Midrasch Rabbah des ersten Buches Mose erkennt den Aussagegehalt dieser Stelle und kommentiert sie wie folgt:

Rabbi Samuel Bar Hanman sagte im Namen von Rabbi Jonathan, dass zu der Zeit, als Mose die Thora täglich Stück für Stück niederschrieb, er, als er zu der Stelle kam, an der es heißt: »Und Elohim sprach: ›Lasst uns Menschen machen in unserem Bild, uns ähnlich,‹« zu Gott sagte: »Herrscher des Universums, wieso gibst Du hier den Sektierern (die an die Dreieinigkeit Gottes glauben) eine Argumentationshilfe?« Und Gott antwortete Mose:

»Schreibe du nur. Wer sich irren will, der irre sich« (Midrash Rabbah über 1. Mose 1,26 [New York NOP Press, N.D.]).

Offensichtlich sucht hier Midrash Rabbah das Problem zu umgehen, da er keine überzeugende Antwort auf die Frage geben kann, wieso Gott von sich selbst im Plural redet. Der Plural-Pronomen findet sich an weiteren Stellen:

1. Mose 3,22: »Und Gott, der Herr (JHWH Elohim), sprach: ›Siehe, der Mensch ist geworden wie einer von uns.‹«

1. Mose 11,7: »Wohlan, lasst uns herabfahren und dort ihre Sprache verwirren.«

Jesaja 6,8: »Und ich hörte die Stimme des Herrn, der sprach: ›Wen soll ich senden, und wer wird für uns gehen?‹«

Plurale Beschreibungen Gottes

Eine weitere Besonderheit – ebenso aus dem Hebräischen kommend – ist die Tatsache, dass Substantive und Adjektive oft in ihrer pluralen Form gebraucht werden, wenn von Gott die Rede ist. Nachfolgend einige Beispiele:

Prediger 12,1: »Und denke an deinen Schöpfer ... « (wörtlich: deine Schöpfer).

Psalm 149,2: »Israel freue sich seines Schöpfers ... « (wörtlich: seiner Schöpfer).

Josua 24,19: »... denn er ist ein heiliger Gott ... « (wörtlich: heilige Götter).

Jesaja 54,5: »... denn dein Gemahl ist dein Schöpfer« (wörtlich: Gemahl im Plural, deine Schöpfer).

Das bisher Gesagte beruht stark auf dem Hebräisch der Schrift. Soll unsere Theologie allein auf der Schrift basieren, dann müssen wir feststellen, dass sie einerseits die »Einheit« Gottes bezeugt, während sie gleichzeitig die »Idee« einer zusammengesetzten Einheit, einer Pluralität Gottes, nährt.

Das Shema

»Höre Israel: Der HERR ist unser Gott, der HERR allein!« (Schlachter: »... der HERR ist einer!«)

5. Mose 6,4, bekannt als das *Shema Israel*, war schon immer das große Glaubensbekenntnis Israels. Dieser Vers dient mehr als andere Verse dazu, sich der Tatsache zu versichern, dass Gott einer

ist; darüber hinaus wird darin ein Widerspruch zum Gedanken der Pluralität Gottes gesehen. Aber ist das wirklich mit diesem Vers gemeint?

Einerseits sollte betont werden, dass die Worte »unser Gott« im hebräischen Text im Plural stehen und damit die wörtliche Bedeutung von »unsere Götter« haben. Das Hauptargument findet sich jedoch im Wort »allein«, dem hebräischen *echad*. Ein Blick in die hebräischen Texte, in denen dieses Wort gebraucht wird, offenbart schnell, dass das Wort *echad* nicht ein absolutes »allein«, »einzig« bedeutet, sondern ein zusammengesetztes »allein«.

Beispielsweise bilden in 1. Mose 1,5 der Abend und der Morgen ein (echad) Tag. 1. Mose 2,24 spricht vom Zusammenkommen von Mann und Frau in der Heirat; beide »werden zu einem (echad) Fleisch werden«. Esra 3,1 berichtet uns, wie sich das Volk, obwohl es aus zahllosen Individuen bestand, wie ein (echad) Mann nach Jerusalem versammelt hat. Hesekiel 37,17 liefert ein sehr eindrucksvolles Beispiel, wenn davon berichtet wird, wie zwei Holz-Stücke zusammengefügt werden, damit sie eins (echad) werden. Somit zeigt der Gebrach des Wortes *echad* in der Schrift die Vereinigung an und nicht eine absolute Einheit.

Im Hebräischen gibt es ein Wort, das die Bedeutung von absoluter Einheit vermittelt: das Wort *yachid*. Es findet sich in vielen Schriftstellen (1. Mose 22,2.12; Richter 11,34; Psalm 22,21; Psalm 25,16; Sprüche 4,3; Jeremia 6,26; Amos 8,10; Sacharja 12,10), wobei die Betonung immer auf der Bedeutung von »einzig« liegt. Sollte Mose beabsichtigt haben, Gottes absolute Einheit – statt einer zusammengesetzten Einheit Gottes – zu lehren, dann wäre dieses Wort weitaus angemessener gewesen. Ebenso stieß auch Maimonides auf die Strenge des Wortes *echad* und entschied sich deshalb, das Wort *yachid* in seinen »13 Artikeln des Glaubens« anstelle von *echad* zu benutzen. Dennoch spricht 5. Mose 6,4 nicht mittels *yachid* von Gott.

Gott ist wenigstens Zwei

Elohim und JHWH – zwei Persönlichkeiten

Als ob es noch weiterer Argumente für die Pluralität Gottes bedürfte, finden sich Stellen in den hebräischen Schriften, in denen der Begriff Elohim von zwei Personen im selben Vers spricht. Ein Beispiel steht in Psalm 45 Vers 6 bis 7:

> 6 Dein Thron, o Gott, ist immer und ewig, ein Zepter der Geradheit ist das Zepter deiner Herrschaft. 7 Gerechtigkeit hast du geliebt und Gottlosigkeit gehasst, darum hat Gott, dein Gott, dich gesalbt mit Freudenöl vor deinen Gefährten.

Man beachte, dass der erste Elohim angesprochen wird und der zweite Elohim der Gott des ersten Elohims ist. Somit hat »Gottes Gott« ihn mit Freudenöl gesalbt.

Ein zweites Beispiel ist Hosea 1 Vers 7:

> Aber über das Haus Juda erbarme ich mich und rette sie durch den HERRN, ihren Gott. Doch ich rette sie nicht durch Bogen und durch Schwert und durch Krieg, durch Pferde und durch Reiter.

Der Redende ist Elohim. Er sagt, dass er dem Hause Juda Gnade erweisen wird und sie mit JHWH, ihrem Elohim, erretten wird. Somit rettet Elohim Nummer eins Israel durch Elohim Nummer zwei.

Nicht nur der Name Elohim wird im selben Vers auf zwei Persönlichkeiten angewandt; selbiges findet sich ebenso bei dem Eigennamen Gottes. Ein Beispiel hierfür ist 1. Mose 19 Vers 24:

> Da ließ der HERR auf Sodom und auf Gomorra Schwefel und Feuer regnen von dem HERRN aus dem Himmel.

Offensichtlich lässt hier JHWH Nummer eins (er befindet sich im irdischen Bereich) Feuer und Schwefel regnen von einem JHWH Nummer zwei, der im Himmel ist.

Ein zweites Beispiel liefert Sacharja 2 Vers 12 bis 13:

> 12 Denn so spricht der HERR der Heerscharen, nachdem die Herrlichkeit mich ausgesandt hat, über die Nationen, die euch geplündert haben – denn wer euch antastet, tastet meinen Augapfel an: 13 »Ja siehe, ich werde meine Hand über sie schwingen, und sie sollen ihren Knechten zur Beute werden. Und ihr werdet erkennen, dass der HERR der Heerscharen mich gesandt hat.«

Wiederum haben wir hier einen JHWH, der für einen besonderen Auftrag einen anderen JHWH aussendet. Der Autor des Zohar entdeckt die Pluralität im Tetragrammaton[26] und schreibt deshalb:

Komm und entdecke das Geheimnis des Wortes JHWH: es gibt drei »Stufen«, wobei jede für sich existiert; dennoch sind sie eins, so vereint, dass keine von der anderen getrennt werden kann. Der Heilige von alters her wird in drei Personen (Häuptern) geoffenbart, die vereinigt sind in einer Person, die über den Dreien steht. Der Heilige von alters her wird als Dreiheit beschrieben, da das Licht, das von ihm ausströmt, in den Dreien enthalten ist. Aber wie können drei eins sein? Sind sie deshalb eins, weil wir sie eins nennen? Wie drei eins sein können kann nur durch die Offenbarung des Heiligen Geistes verstanden werden. (Zohar, Band III, S. 288; Band II, S. 43; Hebräische Ausgabe; vgl. ebenso mit der Soncino Press Edition, Band III, S. 134.)

Gott ist eine Dreiheit

Wie viele Personen ist Gott?

Deuten die hebräischen Schriften tatsächlich auf die Pluralität Gottes hin, so ergibt sich die Frage, wie viele Personen in Gott sind. Wie wir bereits sahen, wurden die Namen Gottes auf mindestens zwei verschiedene Personen angewandt. Geht man durch die hebräischen Schriften, so erkennt man, dass drei – und nur drei – verschiedene Personen als Gott erscheinen.

1. Es gibt zahllose Stellen in der Schrift die von dem Herrn JHWH reden. Dieser Name taucht so oft auf, dass wir uns hier explizite Stellenangaben sparen können.

2. Eine zweite Person Gottes wird als Engel des HERRN bezeichnet. Diese Person wird immer von den anderen Engeln unterschieden und in seiner Einzigartigkeit herausgestellt. In fast jeder Schriftstelle, in der diese Person erwähnt wird, wird

[26] Der Name Gottes wird in der hebräischen Bibel mit den vier Konsonanten JHWH wiedergegeben. Die Aussprache dieses Namens wurde seit mindestens dem 3. Jhd. v. Chr. vermieden. Anfänglich wurde er verbal mit Adonai (der Herr) substituiert, später wurde er Ha-Schem (der Name) ausgesprochen. Der Name Jehova ist ein Kunstprodukt, das sich dadurch ergeben hat, dass die ursprünglichen hebräischen Konsonanten mit der Vokalisation von Adonai versehen wurden (Encyclopedia Dictionary of Judaica, S. 593).

von ihr sowohl als Engel JHWHs als auch als JHWH gesprochen. Zum Beispiel bezieht sich 1. Mose 16,7 auf den Engel JHWHs, während dann in Vers 13 JHWH selbst redet. In 1. Mose 22,11 ist es der Engel JHWHs und in Vers 12 JHWH selbst. Weitere Beispiele sind möglich.[27]

Eine sehr aufschlussreiche Stelle findet sich in 2. Mose 23 Vers 20 bis 23. Dieser Engel hat dort die Macht, Sünden zu vergeben, denn Gottes eigener Name JHWH ist in ihm, und deshalb ist ihm ohne Frage Gehorsam zu leisten. Das kann kaum von einem gewöhnlichen Engel gesagt werden. Denn allein die Tatsache, dass Gottes eigener Name in diesem Engel ist, zeigt seinen göttlichen Status.

3. Eine dritte Person erscheint im Geist Gottes, oft mit *ruach ha-kodesch* bezeichnet. Viele Stellen in der Schrift beziehen sich auf den Geist Gottes; unter anderem in 1. Mose 1,2; 6,3; Hiob 33,4; Psalm 55,11; 139,7; Jesaja 11,2; 63,10.14. Der Heilige Geist kann nicht als bloße Emanation (Ausstrahlung, Wirkung) Gottes betrachtet werden, denn er besitzt alle Charakteristika einer Persönlichkeit (Intellekt, Emotionen, Willen) und wird als Gott gesehen.

Damit ergibt sich aus verschiedenen Abschnitten der hebräischen Schriften ein klares Zeugnis dafür, dass drei Personen als göttlich betrachtet werden und damit Gott sind: der HERR (JHWH), der Engel des HERRN, und der Geist Gottes.

Die drei Personen Gottes in derselben Schriftstelle

In den hebräischen Schriften findet man sogar alle drei Personen Gottes in jeweils einer Passage aufgeführt. Zwei Beispiele hierfür sind Jesaja 48,12–16 und Jesaja 63 Vers 7 bis 14. Aufgrund der Signifikanz der ersten Stelle sei sie hier angeführt:

> 12 Höre auf mich, Jakob, und Israel, mein Berufener: Ich bin, der da ist, ich der Erste, ich auch der Letzte. 13 Ja, meine Hand hat die Grundmauern der Erde gelegt und meine Rechte die Himmel ausgespannt; ich

[27] In 1. Mose 31 ist er in Vers 11 der Engel Gottes, dann aber in Vers 13 der Gott von Bethel. In 2. Mose 3,2 ist er der Engel JHWHs, in Vers 4 ist er sowohl JHWH als auch Gott. In Richter 6 ist er der Engel JHWHs in den Versen 11, 12, 20 und 21, aber JHWH selbst in den Versen 14, 16, 22 und 23. Richter 13 spricht in den Versen 3 und 21 von ihm als dem Engel JHWHs, in Vers 22 von Gott selbst.

> rufe ihnen zu: allesamt stehen sie da. [14]Versammelt euch, ihr alle und hört! Wer unter ihnen hat dies verkündet? Der HERR liebt ihn. Er wird an Babel ausführen, was ihm gefällt, und sein Arm wird die Chaldäer richten. [15]Ich, ich selbst habe geredet, ja, ich habe ihn gerufen. Ich habe ihn kommen lassen, und sein Weg wird gelingen. [16]Tretet her zu mir, hört dies! Ich habe von Anfang an nicht im Verborgenen geredet; von der Zeit an, da es geschah, bin ich da. – Und nun hat der Herr, HERR, mich gesandt und sein Geist hat mich gesandt.

Es sollte beachtet werden, dass der Sprechende von sich selbst als dem spricht, der für die Schöpfung der Himmel und der Erde verantwortlich ist. Es ist offensichtlich, dass er von niemand anderem als von Gott sprechen kann. Er spricht mit den Pronomen ich und mir von sich selbst, unterscheidet sich aber dann in Vers 16 von den beiden anderen Personen. Er unterscheidet sich vom Herrn JHWH und vom Geist Gottes. Hier ist die Drei-Einigkeit klar in den hebräischen Schriften definiert. In der zweiten Stelle findet ein Rückblick auf die Zeit des Exodus statt, als alle drei Personen Gottes präsent und die aktiv Handelnden waren.

1. Der Herr JHWH ist in Vers 7 genannt,
2. der Engel des HERRN in Vers 9 und
3. der Geist Gottes in den Versen 10, 11 und 14.

Während sich in den hebräischen Schriften Gott oft als der darstellt, der allein für die Erlösung Israels aus Ägypten verantwortlich ist, erhalten nach dieser Textstelle drei Personen die Ehre für diese Tat. Dennoch findet sich hier kein Widerspruch, denn die drei Personen bilden die Einheit in Gott.

Schlussfolgerungen

Die hebräischen Schriften lehren die Pluralität Gottes. Die erste Person Gottes wird durchgehend JHWH genannt, während die zweite Person die Namen JHWH erhält, der Engel des HERRN (JHWH) und der Knecht des HERRN. Konsistent und ohne Ausnahme wird die zweite Person von der ersten Person gesandt. Die dritte Person ist der Geist des HERRN oder der Geist Gottes oder der Heilige Geist. Er wird ebenso von der ersten Person gesandt, steht aber in einer fortwährenden Beziehung zum Dienst der zweiten Person.

Ist der Begriff der Drei-Einigkeit Gottes nicht-jüdisch – wie es von zeitgenössischen Rabbis vertreten wird – dann sind auch die hebräischen Schriften nicht-jüdisch. Jüdischen Christen kann nicht der Vorwurf gemacht werden, sie wären dem Heidentum verfallen, wenn sich an der Tatsache festhalten, dass Jesus der Sohn Gottes sei. Er ist derselbe, von dem bereits Mose schrieb, als der Herr sagte:

Siehe, ich sende einen Engel vor dir her, damit er dich auf dem Weg bewahrt und dich an den Ort bringt, den ich für dich bereitet habe. Hüte dich vor ihm, höre auf seine Stimme und widersetze dich ihm nicht! Denn er wird euer Vergehen nicht vergeben, denn mein Name ist in ihm. Doch wenn du willig auf seine Stimme hörst und alles tust, was ich sage, dann werde ich Feind deiner Feinde sein und deine Bedränger bedrängen. Denn mein Engel wird vor dir hergehen und wird dich bringen zu den Amoritern, Hetitern, Perisitern, Kanaanitern, Hewitern und Jebusitern; und ich werde sie austilgen (2Mos 23,20–23).

Das Licht des Neuen Testaments

Das Neue Testament bleibt in den Lehren der hebräischen Schriften, wird allerdings etwas spezifischer in seinen Aussagen bezüglich dieser Thematik. Eindeutig stellt es heraus, dass in Gott drei Personen vorhanden sind. Die erste Person Gottes wird Vater genannt, während die zweite Person der Sohn ist. Das Neue Testament beantwortet die Frage, die Sprüche 30,4 aufwirft:

> Was ist sein Name und was der Name seines Sohnes,
> wenn du es weißt?

Der Name seines Sohnes ist Jeshua (Jesus). In Übereinstimmung mit den hebräischen Schriften wurde er von Gott als der Messias gesandt; diesmal jedoch als Mensch und nicht als Engel.

Darüber hinaus wurde er mit einem besonderen Auftrag gesandt: für unsere Sünden zu sterben. Gott selbst wurde Mensch (nicht: ein Mensch wurde Gott), um das Werk der Sühne zu vollenden.

Das Neue Testament nennt die dritte Person Gottes den Heiligen Geist. Im ganzen Neuen Testament steht er – in Übereinstimmung mit den Lehren der hebräischen Schriften – in Beziehung zum Dienst der zweiten Person Gottes. Wir können also feststellen, dass es bezüglich der Dreieinigkeit Gottes eine Kontinuität gibt – sowohl in den hebräischen Schriften als auch im Neuen Testament.

Anhang

Arnold G. Fruchtenbaum bringt im amerikanischen Original insgesamt neun Anhänge. Da wir aber die meisten davon bereits in anderen CMD-Büchern abgedruckt haben – allein drei davon in »*Jesus war ein Jude*« (siehe Buchvorstellungen am Ende) – beschränken wir uns in dieser deutschsprachigen Ausgabe auf zwei Anhänge. Wir bitten den geneigten Leser um Verständnis.

A Christi Anrecht auf Davids Thron

Oft kommt die Frage auf, welches Anrecht Jesus auf Davids Thron habe, obwohl er nicht Josefs richtiger Sohn war, sondern bloß der Sohn Marias. Im Zusammenhang mit diesem Problem stehen die beiden Geschlechtsregister von Matthäus 1,1–17 und Lukas 3 Vers 23 bis 38. Wenn Jesus nur Marias und nicht Josefs Sohn war, warum war es notwendig, ebenfalls Josefs Stammbaum anzuführen? Und wie kann man wissen, dass Lukas Marias Stammbaum beschreibt, obwohl sie selber darin gar nicht namentlich erwähnt wird, dafür aber Josef? Das sind Fragen, die zufriedenstellend beantwortet werden müssen, um eine Grundlage für das Verständnis dafür zu schaffen, warum Jesus den Thron Davids beanspruchen konnte.

Als Einstieg in das gesamte Thema dieser Frage könnten wir sagen, dass der Zweck von Josefs Stammbaum im Matthäusevangelium war, zu zeigen, dass Jesus nicht hätte König sein können, wenn er wirklich Josefs Sohn gewesen wäre. Der Zweck von Marias Stammbaum im Lukasevangelium ist es, zu zeigen, warum er den Thron Davids beanspruchen konnte.

Von den vier Evangelien geben nur jene zwei einen Stammbaum an, die die Geburt und Jugendjahre Jesu behandeln. Sowohl Markus als auch Johannes behandeln weder Jesu Geburt noch seine Jugendjahre, aber Matthäus und Lukas tun es. Daher ist es verständlich, dass sich nur die beiden letzteren bemühen, uns einen Stammbaum zu vermitteln. Matthäus und Lukas berichten aus zwei verschiedenen Perspektiven von der Geburt Jesu. Matthäus beschreibt die Ereignisse aus Josefs Sicht, während Lukas aus Marias Sicht berichtet. Im Matthäusevangelium erfahren wir, was Josef denkt und was in ihm vorgeht. Aber wir erfahren nichts von dem, was Maria denkt. Wir lesen, wie dem Josef Engel erschienen sind, aber wir finden nichts derartiges bei Maria. Andererseits erfahren wir dieselbe Begebenheit aus der Sicht Marias, wenn wir uns dem Lukasevangelium zuwenden. Dort spielt Maria eine aktive Rolle, während Josef eine passive Rolle zukommt. Wir erfahren hier von einer Engelerscheinung bei Maria, nicht aber von einer solchen bei Josef. Mehrmals wird uns gesagt, was in Maria vorging, aber niemals hören wir, was Josef dachte. Allein aus diesem Zusammenhang wird bei Betrachtung der Stammbäume in diesen beiden Evangelien folgendes deutlich: Im Matthäusevangelium, wo aus der Sicht Josefs berichtet wird, ist auch Josefs Stammbaum angeführt, während Lukas, der aus der Sicht Marias berichtet, ihren Stammbaum anführt.

Es stellt sich noch immer die Frage, warum wir beide Stammbäume benötigen, besonders, da doch Jesus kein richtiger Sohn Josefs war. Eine sehr beliebte und weitverbreitete Antwort ist diese: Im Matthäusevangelium geht es um Seine königliche Abstammung, während uns das Lukasevangelium Seine wirkliche Abstammung verdeutlicht. Aus dieser Aussage wird eine weitere entwickelt. Es wird gelehrt, Josef sei (nach Matthäus 1) der gesetzmäßige Thronfolger Davids gewesen. Nachdem Jesus ein Adoptivsohn Josefs war, konnte er aufgrund dessen das Recht beanspruchen, auf Josefs Thron zu sitzen. Anderseits verdeutlicht uns Lukas die wirkliche Abstammung, um uns so zu zeigen, dass Jesus selber von David abstammte. Durch Maria gehörte er zum Geschlecht Davids, aber durch Josef beanspruchte er das Recht, auf Davids Thron zu sitzen, weil er der gesetzmäßige Thronfolger war. Wir werden versuchen, in dieser Studie zu zeigen, dass eigentlich genau das Gegenteil zutrifft.

Matthäus bricht auf zweierlei Weise mit der jüdischen Tradition, indem er einerseits Namen auslässt, andererseits Namen von Frauen erwähnt. Er nennt vier Frauen in seinem Stammbaum: Tamar, Rahab, Rut und die Frau des Uria (Batseba). Warum gerade diese vier, wo es doch so viele andere bekannte jüdische Frauen gibt, die in Jesu Stammbaum hätten erwähnt werden können? Diese vier Frauen hatten etwas gemeinsam, nämlich dass sie keine Jüdinnen waren. Durch das namentliche Erwähnen gerade dieser vier Frauen – und keiner anderen – zeigt Matthäus auf, dass einer der Gründe für Jesus Kommen zwar darin bestand, die verlorenen Schafe des Hauses Israels zu erretten, aber Nichtjuden sollten ebenfalls aus seinem Kommen Nutzen ziehen. Drei dieser Frauen waren bestimmter sexueller Sünden schuldig: eine des Ehebruchs, eine der Prostitution, und eine des Inzests. Matthäus weist auf ein Argument hin, das er später noch ganz deutlich macht, nämlich, dass der Messias gekommen ist, um Sünder zu erretten. Auf zwei Arten bricht Matthäus mit dem jüdischen Gesetz, indem er bestimmte Namen auslässt und Namen von Frauen erwähnt. Lukas jedoch befolgt strikt das jüdische Gesetz, die jüdische Vorgehensweise und die jüdischen Gebräuche, indem er keine Namen auslässt und keine Frauen namentlich erwähnt.

Vor diesem Hintergrund müssen wir uns fragen, wozu wir überhaupt Josefs Stammbaum im Matthäusevangelium haben. Jeder stimmt damit überein, dass Josef nicht der wirkliche Vater von Jesus war. Nach der Teilung des Königreichs und dem Tod Salomos gab es zwei grundlegende Erfordernisse für das Königtum. Eines davon galt für den Thron des Reiches Juda in Jerusalem, während sich das andere auf den Thron Israels in Samaria bezog. Das Erfordernis für den Thron Judas war die Abstammung von David. Niemand, der nicht dem Geschlecht Davids angehörte, durfte auf Davids Thron sitzen. Aus diesem Grunde war jede Verschwörung, die das Geschlecht Davids beseitigen wollte, zum Scheitern verurteilt (Jesaja 7). Aber das Erfordernis, um auf Israels Thron sitzen zu können, waren prophetische Zustimmung und göttliche Berufung. Niemand konnte auf Samarias Thron sitzen, ohne durch prophetische Zustimmung göttliche Berufung erlangt zu haben. Jeder, der ohne prophetische Zustimmung zu herrschen versuchte, wurde umgebracht (1Kön 11,26–39; 15,28–30; 16,1–4.11–15; 21,21–29; 2Kön 9,5–10; 10,29–31; 15,8–12).

Vor dem Hintergrund dieser beiden alttestamentlichen Erfordernisse für das Königtum und dem, was in den beiden Stammbäumen angeführt ist, kann die Frage nach Jesu Anrecht auf Davids Thron beantwortet werden.

Matthäus' Stammbaum folgt der Abstammung Josefs, des Stiefvaters von Jesus. Die Abstammung wird ab Abraham verfolgt (Vers 2), setzt sich fort bis zu David und Salomo (Vers 6) und dann zu König Jojachin (Vers 11), einem der letzten Könige vor der babylonischen Gefangenschaft. Die Person des Jojachin ist im Stammbaum des Matthäusevangeliums aufgrund eines Fluches in Jeremia 22,24–30 von Bedeutung:

> 24So wahr ich lebe, spricht der HERR: wenn Konja, der Sohn Jojakims, der König von Juda, ein Siegelring wäre an meiner rechten Hand, so wollte ich

> dich doch abreißen [25]und in die Hände derer geben, die dir nach dem Leben trachten und vor denen du dich fürchtest: in die Hände Nebukadnezars, des Königs von Babel, und der Chaldäer. [26]Und ich will dich und deine Mutter, die dich geboren hat, in ein anderes Land treiben, das nicht euer Vaterland ist; dort sollt ihr sterben. [27]Aber in das Land, wohin sie von Herzen gern wieder kämen, sollen sie nicht zurückkehren. [28]Ist denn Konja ein elender, verachteter, verstoßener Mann, ein Gefäß, das niemand haben will? Ach, wie ist er doch samt seinem Geschlecht vertrieben und in ein unbekanntes Land geworfen! [29]O Land, Land, Land, höre des HERRN Wort! [30]So spricht der HERR: Schreibt diesen Mann auf als einen, der ohne Kinder ist, einen Mann, dem sein Leben lang nichts gelingt! Denn keiner seiner Nachkommen wird das Glück haben, dass er auf dem Thron Davids sitze und in Juda herrsche.

Aufgrund dessen, was für ein Mann Jojachin war [Anm. des Übers.: *Konja* ist ein anderer Name für *Jojachin*], sprach Gott durch den Propheten Jeremia einen Fluch über ihn aus. Dieser Fluch beinhaltete, dass kein Nachkomme Jojachins irgendeinen Anspruch auf Davids Thron haben sollte.

Man muss beachten, dass nach dem Stammbaum im Matthäusevangelium Josef ein direkter Nachkomme Jojachins war (Vers 16). Das bedeutet also, dass Josef nicht berechtigt war, auf Davids Thron zu sitzen, da ja in seinen Adern Jojachins Blut floss. Wenn Jesus also wirklich Josefs Sohn gewesen wäre, hätte ihn das von Davids Thron ausgeschlossen.

Der Matthäus-Stammbaum zeigt folglich, warum Jesus nicht hätte König sein können, wenn er wirklich Josefs Sohn gewesen wäre. Aus diesem Grund beginnt Matthäus das Evangelium mit dem Stammbaum und fährt dann mit der Begebenheit der Jungfrauengeburt fort, welche aus Matthäus' Sicht die Lösung zum Problem mit Jojachin ist. Der Kern von Matthäus' Aussage ist folgender: Wenn Jesus wirklich Josefs Sohn gewesen wäre, könnte er aufgrund des Fluches über Jojachin den Thron Davids nicht beanspruchen. Matthäus fährt dann fort und zeigt, dass Jesus nicht wirklich Josefs Sohn war, da er von der Jungfrau Maria geboren wurde (Mt 1,18–25).

Wenn man laut jüdischem Gesetz nicht den Namen einer Frau erwähnen kann, jedoch die Abstammung einer Frau verfolgen möchte, wie kann man da vorgehen? Die Antwort ist, dass man den Namen ihres Ehemannes dazu verwenden würde. Das wirft eine zweite Frage auf. Wenn man den Namen des Ehemannes verwendet und jemand würde diesen Stammbaum lesen, wie wüsste er, ob es sich nun um den Stammbaum des Mannes oder dessen Ehefrau handelt, nachdem doch in beiden Fällen der Name des Mannes verwendet wird? Die Lösung dieses Rätsels basiert auf einem Problem, das wir in der deutschen Sprache vorfinden, nicht aber in den Sprachen Griechisch oder Hebräisch. Wer gutes Hochdeutsch spricht, vermeidet es, den Artikel vor einen Eigennamen zu setzen. Wir setzen normalerweise (außer in manchen Dialekten) eher selten einen bestimmten Artikel (*der, die, das*) vor einen Eigennamen (*der* Matthäus, *der* Lukas, *die* Maria, *der* Johannes). Auf Griechisch oder Hebräisch ist das jedoch durchaus möglich. Der griechische Text von Lukas' Stammbaum ist insofern sehr interessant: Jedem einzelnen Namen, der im Stammbaum des Lukasevangeliums erwähnt wird, wird ein Artikel beigefügt. Es gibt nur eine einzige Ausnahme, und das ist Josef. Vor seinen Namen wurde im Gegensatz zu allen anderen Namen kein Artikel gesetzt. Für jemanden, der das Original liest, würde das Folgendes bedeuten: Wenn er sieht, dass alle Namen außer Josef einen Artikel haben, hieße das, dass es sich nicht wirklich um Josefs Stammbaum handelt, sondern um Marias. Aber um das jüdische Gesetz zu halten, wurde hier der Name des Ehemanns verwendet. Im Alten Testament gibt es dafür zwei Beispiele: Esra 2,61 und Nehemia 7,63.

Lukas' Stammbaum verfolgt die Abstammung Marias und stellt dar, wie Jesus den Thron Davids beanspruchen konnte. Lukas stellt den Stammbaum in der umgekehrten Reihenfolge wie Matthäus dar, von der Gegenwart aus in die Vergangenheit zurückgehend. Die Abstammung wird bis zur Familie Davids zurückverfolgt (Luk 3,23–31). Der Sohn Davids jedoch, der in diesem Stammbaum erwähnt wird, ist nicht Salomo, sondern Nathan. Das Wichtige hier ist, dass Maria zum Geschlecht Davids gehörte, jedoch keineswegs von Jojachin abstammte. Nachdem Jesus Marias Sohn war, gehörte er ebenfalls dem Geschlecht Davids an, aber war nicht mit Jojachin verwandt.

Ein alttestamentliches Erfordernis für das Königtum war die

Zugehörigkeit zum Geschlecht Davids. Zur Zeit des Propheten Jeremias wurde dem ein weiteres Erfordernis hinzugefügt, nämlich, dass die Linie des Jojachin ausgenommen wurde. Zedekia, der nach Jojachin regierte, war nicht dessen Sohn. Jesus war durch Maria dem Geschlecht Davids zugehörig, aber er stand in keinerlei Verbindung mit Jojachin. So erfüllte er die erste Bedingung des alttestamentlichen Königtums.

Jesus war aber nicht die einzige Person, die dem Geschlecht Davids angehörte. Es gab eine ganze Reihe anderer Nachkommen, die wie Jesus den Thron Davids beanspruchen konnten, da ebenfalls kein Blut Jojachins in ihren Adern floss. An dieser Stelle ist es wichtig, das zweite alttestamentliche Erfordernis zum Königtum zu beachten: göttliche Berufung. Von allen Angehörigen des Geschlechtes Davids erhielt nur eine Person eine göttliche Berufung. Wir lesen in Lukas 1 Vers 30 bis 33:

> 30Und der Engel sprach zu ihr: Fürchte dich nicht, Maria, du hast Gnade bei Gott gefunden. 31Siehe, du wirst schwanger werden und einen Sohn gebären, und du sollst ihm den Namen Jesus geben. 32Der wird groß sein und Sohn des Höchsten genannt werden; und Gott der Herr wird ihm den Thron seines Vaters David geben, 33und er wird König sein über das Haus Jakob in Ewigkeit, und sein Reich wird kein Ende haben.

Worauf basierte also Jesu Anspruch auf den Thron Davids? Erstens gehörte er dem Geschlecht Davids an, ohne Verbindung zu Jojachin. Und zweitens erhielt einzig und alleine er die göttliche Berufung zu diesem Thron.

Während Matthäus' Stammbaum also aufzeigt, warum Jesus kein König sein konnte, wenn er wirklich Josefs Sohn gewesen wäre, zeigt Lukas' Stammbaum, warum Jesus König sein *konnte*. Lukas beginnt im Gegensatz zu Matthäus nicht mit der Begebenheit der Jungfrauengeburt. Erst später zeichnet er den Stammbaum auf, weil er ja nicht wie Matthäus auf das Problem mit Jojachin eingehen muss.

Zuletzt müssen wir uns fragen, auf welcher Grundlage man sagen kann, dass es sich beim Bericht des Lukas um den Stammbaum Marias handelt. Auch wenn es dafür viele Beweise gibt, wird es notwendig sein, die Antwort auf drei Argumente zu beschränken.

Erstens bezeichnet selbst der Talmud Maria als Tochter des Eli. Es ist daher offensichtlich, dass in der schon lange bestehenden jüdischen Tradition Maria als Tochter des Eli angesehen wurde.

Zweitens könnte der griechische Satz, der in Lukas 3,23 in den meisten Übersetzungen mit *»wurde gehalten für einen Sohn Josefs, der war ein Sohn Elis«* übersetzt wird, leicht auch anders übersetzt werden. Während alle anderen Namen in diesem Stammbaum im Griechischen mit einem bestimmten Artikel versehen sind, steht der Name Josefs ohne Artikel da. Daher kann man aus diesem grammatikalischen Grund denselben Vers folgendermaßen übersetzen: *»war ein Sohn – wie man annahm von Josef – des Eli«*. Mit anderen Worten könnte der Vers so gelesen werden, dass Jesus, obwohl er für einen Sohn Josefs gehalten wurde, in Wirklichkeit ein Nachkomme Elis war. Das Fehlen von Marias Namen steht im Einklang mit der jüdischen Methode, Stammbäume zu erstellen, und es war für einen Schwiegersohn nicht unüblich, im Stammbaum seiner Frau erwähnt zu werden.

Das dritte Argument ist die offensichtliche Betrachtungsweise der beiden Stammbäume. Matthäus schreibt eindeutig aus der Sicht Josefs. Maria spielt in diesem Bericht eine äußerst passive Rolle. Matthäus zeichnet nur jene Ankündigung des Engels über die bevorstehende Geburt auf, die Josef erhalten hatte, und nur Matthäus schreibt über die Warnung des Engels, dass Josef aus Bethlehem flüchten sollte, bevor die Soldaten des Herodes zum Kindermord eintreffen würden. Im Zusammenhang des Matthäusevangeliums ist Josef die Person, die hervorgehoben wird, und der Stammbaum zeigt Josefs Abstammung.

Lukas schreibt jedoch klar aus der Sicht Marias. In seinem Bericht ist Josef derjenige, der die passive Rolle spielt. Lukas ist der einzige, der die Ankündigung der Geburt Johannes des Täufers aufzeichnet, mit dessen Eltern Maria verwandt war. Er allein berichtet von der Ankündigung des Engels für Maria und ignoriert jene für Josef. Lukas ist es auch, der die innersten Gedanken Marias aufzeichnet, als sie darüber nachdenkt, was ihr durch Hirten und Propheten gesagt worden war. Sogar als Jesus zwölf Jahre alt war, schreibt Lukas nur die Worte auf, die Maria zu Jesus sagte, und nicht jene des Josef. Maria spielt die aktive Rolle, Josef dagegen die passive. Allein vom Zusammenhang her schaut es so aus, dass Lukas Marias Abstammung beschreibt, da seine ganze Betrachtung auf Maria fokussiert ist.

Abschließend kann man sagen, dass Jesus sowohl vom Verständnis des Talmud, als auch von biblischer Theologie her tatsächlich das Recht besitzt, auf Davids Thron zu sitzen.

In diesen beiden Stammbäumen erfahren wir vier Titel, die für Jesus bestimmt sind. In Matthäus 1,1 wird er der *Sohn Davids* und der *Sohn Abrahams* genannt. In Lukas 3,38 wird er der *Sohn Adams* und *Gottes Sohn* genannt. Diese vier Titel geben uns ein vierfaches Bild über die Person des Messias. Indem Jesus *Sohn Davids* genannt wird, heißt das, dass Jesus ein König ist. Zwar ist er es nur durch Maria, aber er ist ein König. Zweitens bedeutet es, dass Jesus ein Jude ist, wenn er *Sohn Abrahams* genannt wird. Drittens ist Jesus als *Sohn Adams* ein Mensch. Viertens bedeutet der Titel *Gottes Sohn*, dass er Gott ist. Diese Stammbäume geben uns ein vierfaches Bild vom messianischen König. Jesus ist der jüdische König und zugleich Gott-Mensch.

B Wie sich das Neue Testament auf das Alte Testament beruft

Jeder, der das Neue Testament liest, wird bald feststellen, dass dieses häufig und auf verschiedenste Art und Weise Bezug auf das Alte Testament nimmt. Weil manchmal der Textzusammenhang eines Zitats aus dem Alten Testament nicht in den neutestamentlichen Kontext zu passen scheint, gibt es Leute, die damit Probleme haben. Sie fragen sich deshalb, ob sich das Neue Testament hier nicht zu viel Freiheit nimmt. Darum wollen wir hier untersuchen, wie das Neue Testament sich auf das Alte Testament beruft.

Einführung: Die vier Formen messianischer Prophetie

Einführend möchte ich darauf hinweisen, dass es vier verschiedene Formen von messianischer Prophetie im Alten Testament gibt. Wenn wir erst einmal beiseitelassen, wie das Neue Testament diese Prophetien zitiert, erkennen wir im Alten Testament vier Formen messianischer Prophetie.

Die 1. Form messianischer Prophetie handelt nur vom ersten Kommen des Messias. Es gibt viele Prophetien im Alten Testament, die ganz konkret davon sprechen. Einige Beispiele, die dieser ersten Kategorie zuzuordnen sind: 5.Mose 18,15–19; Psalm 16,8–11; 40,7–11; 69,14–29; Jesaja 7,14; Sacharja 13,7 und viele, viele mehr!

Die 2. Form messianischer Prophetie handelt ganz konkret ausschließlich von der Wiederkunft des Messias. Dass trifft zu auf Psalm 2,7–9; 48; 72; 132; Jesaja 2,1–4; 24; 32; 33; 35; 60; 63; Jeremia 3,11–18; 23,1–8; Hesekiel 34; Amos 9,11–15; Habakuk 3 und Sacharja 2.

Die 3. Form messianischer Prophetie ist eine Mischung des ersten und des zweiten Kommens des einen Messias in einem einzigen Bild. Das heißt, diese Prophetie spricht von Seinem ersten und von Seinem zweiten Kommen. Wir finden aber nichts im Text darüber, dass zwischen dem ersten und zweiten Kommen ein zeitlicher Zwischenraum liegt. Das erfahren wir nur aus anderen Textstellen. Einige Beispiele für diese Form von messianischer Prophetie finden wir in 1. Mose 49,10; Psalm 22; Jesaja 9,5–7; 11,1–12; Sacharja 9,9–15. Das beste Einzelbeispiel hierfür ist Sacharja 9,9–10, weil der 9. Vers klar vom ersten Kommen spricht und der 10. Vers vom zweiten Kommen. Jedoch lässt nichts in dieser Textstelle darauf schließen, dass noch ein Zeitabschnitt zwischen dem ersten und dem zweiten Kommen liegt.

Die 4. Form messianischer Prophetie gibt den ganzen erlösenden Werdegang des Messias wieder. Sie enthält 4 Elemente: Sein erstes Kommen; den Zeitabschnitt zwischen dem ersten Kommen und Seiner Wiederkunft; die Wiederkunft des Messias und das messianische Reich. Beispiele für diese Kategorie sind der 45. und der 110. Psalm.

Die vier Arten von Zitaten

Das Neue Testament zitiert das Alte Testament auf 4 verschiedene Arten. Jedes alttestamentliche Zitat im Neuen Testament passt immer in eine dieser 4 Kategorien. Für unsere Studie nehmen wir Matthäus 2 als Grundlage, weil dieses Kapitel alle 4 Kategorien von Zitaten enthält.

Wörtliche Prophetie und wörtliche Erfüllung

Die erste Art ist als wörtliche Prophetie und als wörtliche Erfüllung bekannt. Das Beispiel für diese erste Kategorie steht in Matthäus 2 Vers 5 bis 6:

> 5Und sie sagten ihm: In Bethlehem, in Judäa; denn so steht geschrieben durch den Propheten (Micha 5,1):
> 6»Und du, Bethlehem im jüdischen Lande, bist keineswegs die kleinste unter den Städten in Juda; denn aus dir wird kommen der Fürst, der mein Volk Israel weiden soll.«

Diese Stelle im Neuen Testament bezieht sich auf Micha 5 Vers 1. Wenn wir uns den Textzusammenhang von Micha 5,1 ansehen und was das Alte Testament an dieser Stelle aussagt, entdecken wir, dass es sich hierbei um die Geburt des Messias handelt. Das Wesentliche bei Micha 5,1 ist, dass der Messias nirgendwo anders als in der Stadt Bethlehem im Gebiet von Judäa geboren wird und nicht in dem Bethlehem, das in Galiläa lag, und auch nicht in irgendeiner anderen Stadt in Judäa. Das ist die wörtliche Bedeutung, die wörtliche Erklärung von Micha 5 Vers 1: Der Messias wird in der Stadt Bethlehem inmitten des Stammesgebietes von Juda geboren werden.

Im Neuen Testament gibt es die wörtliche Erfüllung dieser wörtlichen Prophetie. Jesus wurde als der Messias in der Stadt Bethlehem geboren und in keiner anderen Stadt. Außerdem wurde Er in Bethlehem zu Juda geboren und nicht in Bethlehem zu Galiläa. Das war eine wörtliche Erfüllung von Micha 5 Vers 1, wobei das Neue Testament das Alte Testament zitiert – eine wörtliche Prophetie und eine wörtliche Erfüllung. Das Herausragende bei dieser Prophetie ist, dass sie im Neuen Testament perfekt erfüllt wurde.

Ein anderes Beispiel für eine Prophetie dieser Art steht in Matthäus 1 Vers 22 bis 23:

> 22 Das ist aber alles geschehen, damit erfüllt würde, was der Herr durch den Propheten gesagt hat, der da spricht (Jesaja 7,14): 23 »Siehe, eine Jungfrau wird schwanger sein und einen Sohn gebären, und sie werden ihm den Namen Immanuel geben«, das heißt übersetzt: Gott mit uns.

Diese Verse im Neuen Testament zitieren also Jesaja 7,14 aus dem Alten Testament. Nach dem Kontext von Jesaja 7,14 wird der Messias von einer Jungfrau geboren werden. Das ist die wörtliche Bedeutung. Im Neuen Testament gibt es eine wörtliche Erfüllung der wörtlichen Prophetie aus dem Alten Testament, und hierauf bezieht sich das Neue Testament.

Zwei weitere Beispiele dafür befinden sich in Matthäus 3 Vers 3, das sich auf Jesaja 40,3 bezieht, und in Markus 1 Vers 2, das sich auf Maleachi 3,1 bezieht. Sowohl der Text aus Jesaja als auch aus Maleachi prophezeien, dass dem Messias vor Seinem Bekanntwerden ein Vorläufer vorausgehen wird. Dieser Vorbote wird das baldige Kommen des Königs ankündigen. Die wörtliche Prophetie wurde auf wörtliche Art und Weise durch Johannes den Täufer erfüllt, und deshalb beziehen sich Matthäus, Markus und Lukas auf diese Verse aus Jesaja und Maleachi.

Ein anderes Beispiel, in dem Jesaja 61,1–2 zitiert wird, steht in Lukas 4 Vers 18 bis 19. Der Zusammenhang spricht vom Dienst des Messias und betont die Art und Weise seines Dienstes während seines ersten Kommens. Bei Lukas erfüllt Jesus wörtlich die Prophetie und schafft so den Bezug dazu.

Ein weiteres Beispiel ist Matthäus 4 Vers 13 bis 16, das sich auf Jesaja 8,23 – 9,1 beruft. Der Inhalt dieser Prophetie spricht von dem Dienst des Messias, dessen hauptsächliches Arbeitsgebiet das Stammesgebiet von Sebulon und Naftali sein wird, was die wörtliche Erfüllung von Jesaja 9,1–2 bedeutet. Im Neuen Testament hat Jesus in erster Linie in diesen zwei Stammesgebieten gedient. Nazareth befand sich im Stammesgebiet von Sebulon, und Kapernaum befand sich im Stammesgebiet von Naftali. Er wuchs im Stammesgebiet von Sebulon auf und hatte seinen Wohnsitz im Stammesgebiet von Naftali. So wurde diese Prophetie wörtlich erfüllt.

Noch ein Beispiel für die erste Kategorie ist Matthäus 21,5 mit einem Zitat aus Sacharja 9 Vers 9. Sacharja spricht hier vom Messias, der auf einem Esel nach Jerusalem hineinreitet. Als Jesus Seinen triumphalen Einzug in Jerusalem hielt und auf solch einem Tier ritt, wurde diese Prophetie wörtlich erfüllt. Deshalb wird die Stelle im Neuen Testament angeführt.

Johannes 12,38–40 bringt ein Zitat aus Jesaja 53 Vers 1. Hier prophezeit Jesaja deutlich, dass der Messias bei Seinem Kommen von Seinen eigenen Leuten abgelehnt wird. Als Israel Jesus ablehnte, war das eine wörtliche Erfüllung dieser Prophetie. Sie gehört zur ersten Kategorie einer wörtlichen Prophetie und ist deren wörtliche Erfüllung.

Auch im Zusammenhang mit dem Tod des Messias finden wir ein Beispiel für die erste Kategorie der Prophetie. Bei Seiner Kreuzigung steht in Johannes 19 Vers 24:

> Da sprachen sie untereinander: Lasst uns das nicht zerteilen, sondern darum losen, wem es gehören soll. So sollte die Schrift erfüllt werden, die sagt (Psalm 22,19): »Sie haben meine Kleider unter sich geteilt und haben über mein Gewand das Los geworfen.« Das taten die Soldaten.

Johannes bezieht sich auf Psalm 22,19, und dieser Vers spricht vom Tod des Messias. Ein Teil des Todesszenarios ist, dass Ihm die Kleider weggenommen werden und die Peiniger darum losen. Das ist die wörtliche Erfüllung von Psalm 22,19. Im Neuen Testament gibt es eine wörtliche Erfüllung dieser Prophetie. Als die römischen Soldaten um die Kleider Jesu losten, erfüllten sie diese Prophetie. Deshalb bezieht sich Johannes auf diesen Abschnitt.

Eng verwandt ist ein anderes Zitat aus Matthäus 27 Vers 46:

> 46Und um die neunte Stunde schrie Jesus laut: Eli, Eli, lama asabtani [NT: *sabachthani*]? Das heißt: Mein Gott, mein Gott, warum hast du mich verlassen?

Hier berichtet Matthäus, dass Jesus Psalm 22,1 zitiert. Dieser Psalm spricht vom Leiden des Messias und Seinem Tod. Während Seines Leidens sollte Er rufen: »Mein Gott, mein Gott, warum hast du mich verlassen?« Als Jesus dies rief, war das eine direkte Erfüllung der Prophetie aus dem Alten Testament. Deshalb bezog sich das Neue Testament auf dieses Psalmwort.

Das ist die erste Art der Bezugnahme des Neuen Testaments auf das Alte Testament: wörtliche Prophetie plus wörtliche Erfüllung. In diesen Fällen spricht das Alte Testament wörtlich von besonderen Ereignissen in der Zukunft. Wenn solche besonderen Ereignisse im Neuen Testament berichtet werden, zitiert das Neue Testament diese Prophetie und macht klar, dass sie Punkt für Punkt erfüllt wurde. Viele im Neuen Testament erwähnten Textstellen aus dem Alten Testament fallen in diese Kategorie.

Wörtliche und sinnbildliche Prophetie

Die zweite Art der Zitate kann als wörtlich und sinnbildlich bezeichnet werden. Ein Beispiel dafür befindet sich in Matthäus 2 Vers 15:

> ... und blieb dort bis nach dem Tod des Herodes, damit erfüllt würde, was der Herr durch den Propheten gesagt hat, der da spricht (Hos 11,1): »Aus Ägypten habe ich meinen Sohn gerufen.«

Wenn wir den Inhalt von Hosea 11,1 ansehen, auf den sich dieser Abschnitt bezieht, entdecken wir, dass es nicht bloß eine

Prophetie ist, sondern hier wird auch von einem tatsächlichen, historischen Ereignis gesprochen, nämlich vom Exodus. Der Hintergrund zu Hosea 11,1 ist 2. Mose 4 Vers 22 bis 23. Als Nation ist Israel Gottes Sohn: Israel ist mein erstgeborener Sohn. Als Gott Israel aus Ägypten herausbrachte, wurde es in Hosea 11,1 so dargestellt, als ob Gott Seinen Sohn aus dem Land Ägypten herausbrachte. Das ist die eigentliche Bedeutung von Hosea 11 Vers 1. Es ist ein historischer Vers, der von einem historischen Ereignis handelt, dem Exodus. Dann aber wurde das historische Ereignis im Alten Testament zu einem Sinnbild für die Ereignisse des Neuen Testaments. Jetzt gibt es einen noch idealeren Sohn Gottes, den individuellen Sohn, der Gottes Sohn und Messias ist. Als Jesus als kleines Kind aus dem Land Ägypten wiedergebracht wurde, brachte Gott noch einmal Seinen Sohn aus Ägypten heraus. Das ist ein Sinnbild und sein Gegenbild. Israel ist der Urtypus, der nationale Sohn, der aus Ägypten herauskommt. Das Gegenbild ist der messianische Sohn Gottes, der ebenfalls aus Ägypten herauskommt. Das ist ein Beispiel der zweiten Art – wörtlich plus sinnbildlich.

Ein anderes Beispiel ist Matthäus 15 Vers 7 bis 9:

> 7Ihr Heuchler, wie fein hat Jesaja von euch geweissagt und gesprochen (Jes 29,13): 8»Dies Volk ehrt mich mit seinen Lippen, aber ihr Herz ist fern von mir; 9vergeblich dienen sie mir, weil sie lehren solche Lehren, die nichts als Menschengebote sind.

Matthäus 15,7–9 zitiert Jesaja 29,13. Dieser Vers spricht von einem historischen Ereignis, als die Leute das prophetische Wort Jesajas ablehnten. Israel lehnte das Wort der Propheten ab und wurde so zu einem Sinnbild für die Ablehnung der Prophetie des Messias. So wird Bezug genommen auf das Alte Testament.

Ein anderes Beispiel ist Johannes 12 Vers 39 bis 40:

> 39Darum konnten sie nicht glauben, denn Jesaja hat wiederum gesagt (Jes 6,9–10): 40»Er hat ihre Augen verblendet und ihr Herz verstockt, damit sie nicht etwa mit den Augen sehen und mit dem Herzen verstehen und sich bekehren, und ich ihnen helfe.«

Hier bezieht sich Johannes auf Jesaja 6 Vers 10, dessen Inhalt besagt, dass die Botschaft des Propheten Jesaja von seinen eigenen Leuten abgelehnt wird. Noch einmal, die Ablehnung der prophetischen Worte Jesajas durch Israel wurde nun typisch für Israels Ablehnung der prophetischen Worte des Messias. Deshalb wird in dieser besonderen Situation auf den Vers aus dem Alten Testament Bezug genommen.

Ein anderes Beispiel finden wir in Matthäus 21 Vers 42:

> Jesus sprach zu ihnen: Habt ihr nie gelesen in der Schrift (Ps 118,22.23): »Der Stein, den die Bauleute verworfen haben, der ist zum Eckstein geworden. Vom Herrn ist das geschehen und ist ein Wunder vor unsern Augen«?

Dieser Text bezieht sich auf Psalm 118 Vers 22 bis 23. Das Psalmwort sagt, dass die Bauleute den Stein, mit dem sie nichts anzufangen wussten, zur Seite legten oder ihn sogar völlig wegwarfen. Später, als sie das Gebäude fertig gestellt hatten, erkannten sie, dass es der wichtigste Stein war, der Hauptstein oder Eckstein. Das ist die eigentliche Bedeutung von Psalm 118 Vers 22 und 23. Die Ablehnung des Steines und seine Anerkennung wurden zum Sinnbild für die Ablehnung Jesu als Messias durch Israel und für dessen spätere Anerkennung.

Noch ein Beispiel für diese Art von Prophetie ist in Johannes 19,36 zu finden:

> Denn das ist geschehen, damit die Schrift erfüllt würde (2Mos 12,46): »Ihr sollt ihm kein Bein zerbrechen.«

Johannes zitiert hier 2. Mose 12 Vers 46, wo Mose von dem historischen Ereignis mit der Opferung des Passah-Lammes spricht. Dadurch sollten die Juden vor der letzen Plage gerettet werden. Für das Schlachten des Lammes, das Braten und Essen des Fleisches war die Anweisung gegeben worden, dass nicht ein Knochen des Lammes zerbrochen werden durfte. Das Passah-Lamm ist ein Sinnbild für den Messias, den Christus unseres Passahfestes (1Kor 5,7). Während Seiner Hinrichtung am Kreuz wurden Seine Knochen nicht gebrochen, während die der beiden anderen, die mit Ihm hingerichtet wurden, zerbrochen wurden. Das war die sinnbildliche Erfüllung, nicht eine wörtliche, im prophetischen Sinn. Sie ist der zweiten Kategorie zuzuordnen – wörtlich plus sinnbildlich. Die wörtliche Bedeutung handelt von einem historischen und nicht von einem prophetischen Ereignis. Jedoch wird das historische Ereignis zu einem Sinnbild des Geschehens im Neuen Testament, und deshalb wird es hier so zitiert.

Wörtliche und praktische Prophetie

Die dritte Form der Zitate ist sowohl wörtlich als auch praktisch zu verstehen. Ein Beispiel dafür finden wir in Matthäus 2 Vers 17 bis 18:

> 17Da wurde erfüllt, was gesagt ist durch den Propheten Jeremia, der da spricht (Jer 31,15): 18»In Rama hat man ein Geschrei gehört, viel Weinen und Wehklagen; Rahel beweinte ihre Kinder und wollte sich nicht trösten lassen, denn es war aus mit ihnen.«

Diesmal verweist Matthäus auf Jeremia 31 Vers 15, wo von der Gefangenschaft in Babylon die Rede ist. Es wird dargestellt, wie die Babylonier zu Beginn der Gefangenschaft alle Juden an einer Stelle versammelten. Dann mussten die jungen jüdischen Männer den Fußmarsch nach Babylon antreten. Unterwegs kamen sie an der Stadt Rama vorbei. Nicht weit davon hatte Jakob einst seine Frau Rahel begraben. In alttestamentlicher Zeit wurde Rahel zu einem Symbol für die jüdische Mutterschaft. Als die jungen jüdischen Männer in die Gefangenschaft deportiert wurden, begannen die jüdischen Mütter um sie zu weinen und zu trauern. Sie trauerten um ihre Söhne, weil sie sie für immer verlieren sollten. Jeremia stellt das als das Trauern Rahels um ihre Kinder dar, und sie *wollte sich nicht trösten lassen, denn es war aus mit ihnen.* Rahels Trauern symbolisiert das Trauern der jüdischen Mütter. Sie weinten, weil ihnen ihre Söhne weggenommen wurden, und trauerten, weil sie sie niemals wiedersehen würden. Das ist die wörtliche Bedeutung von Jeremia 31 Vers 15: Jüdische Mütter trauern um Söhne, die sie nie mehr wiedersehen werden. Wegen dieses einen Bezugspunktes wird der Vers im Neuen Testament zitiert. Es ist weder eine wörtliche Erfüllung noch ein vollgültiges Vorbild, sondern eine Anwendung aufgrund einer gewissen Ähnlichkeit. In diesem Fall war es die gleiche Lage der jüdischen Mütter, die um ihre verlorenen Söhne weinten, weil Herodes alle Knaben unter zwei Jahren in Bethlehem töten ließ.

Wegen der Ähnlichkeit in diesem Berührungspunkt zitiert das Neue Testament hier das Alte Testament, um den Text auf die neutestamentliche Situation anzuwenden.

Es gibt geflügelte Worte, die dasselbe tun. Zum Beispiel sagen wir manchmal: »Er hatte sein Waterloo.« Was meinen wir damit? Wir meinen nicht, dass jemand nach Waterloo in Belgien ging und im Kampf geschlagen wurde. Aber die Redewendung bezieht sich auf ein historisches Ereignis. Napoleon strebte ein Weltreich an, und diese seine Ambitionen brachen schließlich in der Schlacht bei Waterloo zusammen, als er durch die feindlichen Armeen geschlagen wurde. Wegen des einen Vergleichspunktes, hier dem Misslingen eines großen Vorhabens, gebrauchen wir oft das Bild dieses Mannes, der bestrebt war, Macht an sich zu reißen und dann besiegt wurde, so dass sein ganzes Reich zusammenbrach. Wir sagen, »Er hatte sein Waterloo.« Er ging nicht wirklich nach Belgien und kämpfte dort in einer Schlacht, aber sein ehrgeiziges Bestreben ging durch widrige Umstände zugrunde.

Ein anderes Beispiel für die gleiche Art von Zitat finden wir in Apostelgeschichte 2 Vers 16 bis 21:

> [16]... sondern das ist's, was durch den Propheten Joel gesagt worden ist (Joel 3,1–5): [17]»Und es soll geschehen in den letzten Tagen, spricht Gott, da will ich ausgießen von meinem Geist auf alles Fleisch; und eure Söhne und eure Töchter sollen weissagen, und eure Jünglinge sollen Gesichte sehen, und eure Alten sollen Träume haben; [18]und auf meine Knechte und auf meine Mägde will ich in jenen Tagen von meinem Geist ausgießen, und sie sollen weissagen. [19] Und ich will Wunder tun oben am Himmel und Zeichen unten auf Erden, Blut und Feuer und Rauchdampf; [20]die Sonne soll in Finsternis und der Mond in Blut verwandelt werden, ehe der große Tag der Offenbarung des Herrn kommt. [21]Und es soll geschehen: wer den Namen des Herrn anrufen wird, der soll gerettet werden.«

In diesem Abschnitt beruft sich Petrus auf Joel 3,1–5. Der Inhalt von Joel 3,1–5 spricht nicht von dem, was in Apostelgeschichte 2 geschehen wird. Hier ist die Rede vom Ausgießen des Heiligen

Geistes auf das ganze Volk Israel, was die Rettung dieses ganzen Volkes bewirken wird. Das wird in Vorbereitung auf das messianische Königreich geschehen, wovon im nächsten Kapitel Joel 4 gesprochen wird. Die wörtliche Bedeutung des Abschnittes aus Joel ist ein Hinweis auf das Ausgießen des Heiligen Geistes auf das gesamte Volk Israel, was die eben erwähnten Auswirkungen haben wird. Was in Joel 3 verkündigt wurde, geschieht in Apostelgeschichte 2 nicht, und was in Apostelgeschichte 2 geschah, wird auch nicht in Joel 3 vorausgesagt. Zum Beispiel sprach Joel vom Ausgießen des Heiligen Geistes über alles jüdische Fleisch, was nicht in der Apostelgeschichte geschah. Joel sprach von den Söhnen und Töchtern Israels und prophezeite, dass die jungen Männer Gesichte und die alten Männer Träume haben werden. Nichts dergleichen geschah in Apostelgeschichte 2. Niemand weissagte irgendetwas, die jungen Männer sahen keine Gesichte und die alten Männer hatten auch keine Träume. Außerdem sollte es jüdischen Knechten widerfahren, aber zurzeit von Apostelgeschichte 2 gab es keine Knechte, die das erlebt hätten, denn sonst würde es aus dem Inhalt von Apostelgeschichte 2 hervorgehen. Ferner sprach Joel von gravierenden Ereignissen am Himmel und auf Erden: Blut, Feuer, Rauchdampf, Sonnenfinsternis und Verwandlung des Mondes in Blut. Diese Dinge geschahen aber nicht in Apostelgeschichte 2. Was dort geschah, war eine Offenbarung des Geistes, die sich im Zungenreden äußerte. Joel erwähnte nicht die Gabe des Zungenredens oder dergleichen. Noch einmal, nichts von dem, was in Joel 3 prophezeit wurde, geschah in Apostelgeschichte 2, und nichts von dem, was in Apostelgeschichte 2 geschah, ist in der Prophetie von Joel 3 erwähnt.

Hier haben wir die dritte Kategorie – wörtliche und praktische Anwendung der Prophetie. Die wörtliche Bedeutung des Joel-Abschnitts meint die nationale Errettung Israels, wenn der Heilige Geist auf ganz Israel ausgegossen wird, was Israels Errettung als Nation zur Folge haben und zur Vorbereitung auf das messianische Reich dienen wird. Natürlich geschah das nicht in der Apostelgeschichte, aber es gibt einen Vergleichspunkt. Deshalb bezog sich das Neue Testament auf das Alte Testament, nicht als Erfüllung, sondern als einzigartige Offenbarung. Die Ähnlichkeit ist das Ausgießen des Heiligen Geistes. Joel beschreibt das Ausgießen des Heiligen Geistes eines Tages auf ganz Israel, was sich in einzigartigen Anzeichen äußern wird. In Apostelgeschichte 2 wurde der Heilige Geist über zwölf oder höchstens 120 Personen ausgegossen, was sich auch in einem einzigartigen Anzeichen äußerte, nämlich durch das Sprechen in Zungen. Die Ähnlichkeit besteht im Ausgießen des Heiligen Geistes. Wegen dieses Vergleichspunktes zitiert das Neue Testament die alttestamentliche Stelle und wendet sie auf das neutestamentliche Geschehen an.

Zusammenfassung von prophetischen Aussagen

Eine vierte Art von Zitaten ist die Zusammenfassung oder das Resümee. Matthäus 2,23 ist dafür ein Beispiel:

> ... und kam und wohnte in einer Stadt mit Namen Nazareth, damit erfüllt würde, was gesagt ist durch die Propheten: Er soll Nazoräer heißen.

Der anscheinend spezielle Bezug ist, *er soll Nazoräer heißen*. Suchen Sie so viel Sie wollen, aber Sie werden nicht eine einzige Prophetie finden, die sagt, er soll Nazoräer heißen. Man hat versucht, den Vers irgendwie mit Jesaja 11,1 in Verbindung zu bringen, aber diese Verbindung wäre sehr weit hergeholt. Vers 23 gebraucht zwar die Mehrzahlform »Propheten«, aber es gibt da nicht einen einzigen Propheten, der davon spricht. Die vierte Kategorie hat keinen direkten Bezug auf das Alte Testament, aber sie ist eine Zusammenfassung dessen, was das Alte Testament lehrt. Der Schlüssel ist, dass das Wort »Prophet« hier in der Mehrzahl gebraucht wird. In den ersten drei Formen der Zitate wird das Wort »Prophet« meistens in der Einzahl gebraucht. Hier, in der vierten Zitatform, wird es in der Mehrzahl gebraucht: *was gesagt ist durch die Propheten*. Der Autor zitiert nicht direkt, sondern fasst zusammen, was die Propheten gesagt hatten. In diesem Fall sagten die Propheten, er soll Nazoräer heißen.

Was war ein Nazoräer? Ein Nazoräer [griech. *Naz_raíos*, wird als »Nazarener«, also von Nazareth stammend, gedeutet; vgl. Lukas 18,37 *I_soús ho Naz_raíos* = Jesus von Nazareth] war jemand, der verachtet und abgelehnt wurde. Das spiegelt sich in Johannes 1,45–46 wieder:

> [45]Philipus findet Nathanael und spricht zu ihm: Wir haben den gefunden, von dem Mose im Gesetz und die Propheten geschrieben haben, Jesus, Josefs Sohn, aus Nazareth. [46]Und Nathanael sprach zu ihm: Was kann aus Nazareth Gutes kommen! Philippus spricht zu ihm: Komm und sieh es!

Nathanaels Frage »*Was kann aus Nazareth Gutes kommen?*« spiegelt die negative Sichtweise der Leute über die Nazoräer [oder Nazarener] wieder. Die Nazoräer wurden verabscheut und abgelehnt. Das ist so, als ob man sich in jenen Tagen Nazoräer-Witze erzählt hätte. Und was sagten die Propheten über den Messias? Sie verkündigten, dass der Messias verachtet und abgelehnt werden sollte. Die beste Art und Weise, das zu tun, war, jemanden als Nazoräer zu bezeichnen. Wenn man damals jemanden einen Nazoräer nannte, wurde er verachtet und abgelehnt. Der Messias wurde eine verachtete und abgelehnte Person. Um das auszudrücken, nannte man Ihn einen Nazoräer [oder Nazarener]. Das ist eine Zusammenfassung, kein Zitat als solches, aber ein Resümee.

Ein anderes Beispiel dieser Kategorie ist Lukas 18 Vers 31 bis 33:

> [31]Er nahm aber zu sich die Zwölf und sprach zu ihnen: Seht, wir gehen hinauf nach Jerusalem, und es wird alles vollendet werden, was geschrieben ist durch die Propheten von dem Menschensohn. [32]Denn er wird überantwortet werden den Heiden, und er wird verspottet und misshandelt und angespien werden, [33]und sie werden ihn geißeln und töten; und am dritten Tage wird er auferstehen.

Beachten Sie hier wieder den Gebrauch der Mehrzahl beim Wort »Propheten«. Was die Propheten über den Messias sagten, enthielt neun Aussagen: Der Messias wird nach Jerusalem gehen; Er wird in die Hände von Priestern und Schriftgelehrten fallen; die Juden werden Ihn zum Tode verurteilen; die Juden werden Ihn den Heiden übergeben; die Heiden werden Ihn verspotten; die Heiden werden Ihn anspeien; die Heiden werden Ihn geißeln; die Heiden werden Ihn töten; und, Er wird am dritten Tag auferweckt werden. Nicht ein einziger Prophet hat dies alles gesagt. Es gibt dazu nirgendwo eine Anspielung darauf bei den Propheten. Wenn man jedoch alle Propheten zusammen betrachtet, dann haben sie das alles gesagt. Deshalb ist das kein einzelnes Zitat, sondern eine Zusammenfassung.

Noch ein Beispiel für die vierte Kategorie ist Matthäus 26 Vers 54 bis 56:

> 54 Wie würde dann aber die Schrift erfüllt, dass es so geschehen muss? 55 Zu der Stunde sprach Jesus zu der Schar: Ihr seid ausgezogen wie gegen einen Räuber mit Schwertern und mit Stangen, mich zu fangen. Habe ich doch täglich im Tempel gesessen und gelehrt, und ihr habt mich nicht ergriffen. 56 Aber das ist alles geschehen, damit erfüllt würden die Schriften der Propheten. Da verließen ihn alle Jünger und flohen.

Obwohl Jesus sie mit klaren Worten unterrichtete und Er sie mitten im Tempelvorhof lehrte, haben sie Ihn dennoch abgelehnt. Diese Ablehnung wird im Garten Gethsemane offensichtlich, wo sie Ihn verhaften wollen. Er sagte, dass das alles geschehen musste, *damit erfüllt würden die Schriften der Propheten*. Jesu Worten zufolge hatte kein einzelner Prophet prophezeit, was dort geschah, aber die Propheten zusammen sagten, dass der Messias abgelehnt würde. Er sollte verhaftet werden und einen widerrechtlichen Gerichtsprozess durchmachen. Der Abschnitt aus Jesaja 53 ist ein gutes Beispiel dafür. Aber hier bezieht sich Jesus nicht auf eine besondere Prophetie, sondern fasst zusammen, was die Propheten gesagt hatten. Zusammenfassend lehren die Propheten genau das, was Jesus hier sagt. Dies wiederum ist der vierten Kategorie zuzuordnen und somit eine Zusammenfassung.

Abschluss

Es gibt vier Arten von Zitaten, mit denen sich das Neue Testament auf das Alte Testament beruft. Um zu entscheiden, zu welchen dieser vier Arten oder Kategorien ein Zitat gehört, muss man zunächst ins Alte Testament sehen und den Zusammenhang des Originaltextes betrachten. Wenn man den Zusammenhang kennt, dann kann man zum Neuen Testament übergehen. Handelt es sich um eine wortwörtliche Erfüllung, dann ist das eine wörtliche Prophetie und deren wörtliche Erfüllung. Wenn ein historisches Ereignis aus dem Alten Testament in Form eines Sinnbildes gebraucht wird, dann handelt es sich um eine wörtliche und sinnbildliche Prophetie. Gibt es nur in einem einzigen Punkt eine Übereinstimmung zwischen dem, was im Alten Testament und dem, was im Neuen Testament geschieht, dann ist das eine wörtliche Prophetie und deren Anwendung. Lässt sich jedoch überhaupt kein Bezug zum Alten Testament feststellen, dann kann man annehmen, dass es sich um eine reine Zusammenfassung handelt. Jedes Zitat eines alttestamentlichen Bibelwortes im Neuen Testament ist einer dieser vier Kategorien zuzuordnen. So ist das Neue Testament sehr konsequent in der Art und Weise, wie es sich auf das Alte Testament beruft.

Verwendete Schriftstellen

Beim Christlichen Mediendienst – CMD – sind weitere Bücher erhältlich:

Arnold G. Fruchtenbaum

Das Leben des Messias
Zentrale Ereignisse aus jüdischer Perspektive

CMD, Paperback, 6. Auflage,
168 Seiten
ISBN 978-3-939833-05-5
Euro 9,50

Manchmal haben an Christus gläubig gewordene Juden einen besseren Zugang zum Wort Gottes als Christen aus den Nationen. Vor allem dann, wenn sie solch gründliche Studien durchlaufen haben wie Arnold G. Fruchtenbaum.

In diesem Buch beschäftigt sich der Autor mit zentralen Ereignissen im Leben des Messias. Er beleuchtet schlichte Evangelientexte – wie zum Beispiel die Geburt oder die Verklärung Jesu – im Licht ihres jüdischen Bezugsrahmens und beschränkt sich besonders auf diejenigen Passagen im Leben Jesu, die das Wissen um den jüdischen Hintergrund zum Verständnis benötigen. Der Leser wird dabei große Kostbarkeiten entdecken, die ihm zu einem tieferen Verständnis der Schrift verhelfen können.

Arnold G. Fruchtenbaum

Jesus war ein Jude
CMD, Paperback, 182 Seiten
ISBN 978-3-939833-26-0
Euro 9,50

Wer war Jesus von Nazareth? Diese kontrovers diskutierte Frage beschäftigt bis heute Menschen jeglicher Herkunft. War er ein Prophet, ein guter Lehrer oder bloß der Verfechter einer religiösen Schule? Unabhängig davon wie die Antwort ausfällt – Jesus war in erster Linie Jude.

In seinem Buch geht Arnold G. Fruchtenbaum viele Fragen an. Er zitiert jüdische Fachleute und setzt sich besonders mit der messianischen Erwartung auseinander. Besonders kostbar sind seine Ausführungen zu Jesaja 53 und zur »Dreieinigkeit Gottes im Alten Testament«.

Durch dieses Buch sind bereits Tausende von Menschen in aller Welt zum Glauben an Jesus Christus gekommen – doch auch für Glaubende ist es ausgesprochen lehrreich.

Arnold G. Fruchtenbaum

Der Hebräerbrief

Hardcover, 2. Auflage
272 Seiten
ISBN 978-3-939833-50-5
Euro 19,50

Dem Autor gelingt ein zweifaches Kunststück: Zum einen zeigt er den roten Faden auf, der sich durch den Brief zieht. Zum andern bleibt Dr. Fruchtenbaum durchgehend seinem Auslegungsprinzip treu: Er interpretiert die Aussagen immer unter Berücksichtigung ihres messianisch-jüdischen Bezugsrahmens. Auf diese Weise leuchtet die Botschaft des Hebräerbriefes ganz neu auf. Besonders die so genannten »fünf Warnstellen« des Briefes werden hier ganz fein im Zusammenhang des Briefes erklärt. Wegen ihrer guten Verständlichkeit kann diese Auslegung von jedem Christen gelesen und angewandt werden.

Arnold G. Fruchtenbaum

Der Jakobusbrief

Hardcover, 2. Auflage
160 Seiten
ISBN 978-3-939833-51-2
Euro 14,50

Seit vielen Jahren arbeitet Dr. Fruchtenbaum an einer Kommentarreihe zur gesamten Bibel – wie gewohnt aus der messianisch-jüdischen Perspektive.

»Der Jakobusbrief« ist ein weiterer Teil aus den so genannten »Messianisch-jüdischen Episteln«, die im amerikanischen Original in einem einzigen Band erschienen sind.

Dieser verständliche und praktische Kommentar wird dem Nutzer beim neuen Studium des Jakobusbriefes viel Gewinn bringen.

Arnold G. Fruchtenbaum

Christus im jüdischen Passahmahl

DVD, Video-Vortrag, 120 Minuten
ISBN 978–3–939833–39–0
Euro 9,90

Dr. Arnold Fruchtenbaum präsentierte das jüdische Passahmahl mit Original-Gegenständen. Der 120minütige, äußerst lehrreiche Vortrag wurde gefilmt und steht auf DVD zur Verfügung.

Christlicher Mediendienst Hünfeld GmbH – CMD
Postfach 1322
D-36082 Hünfeld
Tel: (0 66 52) 91 81 87
Fax: (0 66 52) 91 81 89
e-Mail: mail@mediendienst.org
Internet: www.mediendienst.org